Jakob J. Petuchowski

GOTTESDIENST DES HERZENS

Jakob J. Petuchowski

GOTTESDIENST DES HERZENS

Eine Auswahl aus dem Gebetsschatz des Judentums

Herder Freiburg · Basel · Wien

Umschlagfoto: Erich Lessing

Herstellung: Freiburger Graphische Betriebe 1981
ISBN 3-451-19457-0

FÜR GERTRUD LUCKNER

Matthäus 5, 7–10

INHALT

Einleitung 9

I. *Das Kernstück der täglichen Morgenandacht* 15
Das „Höre, Israel!“ und seine Segenssprüche 16
Das Achtzehngebet. 25

II. *Die Sabbatgebete* 36
Ende und Zweck der Schöpfung 37
Moses freute sich 38
Tag der Ruhe und der Heiligkeit 39
Daß wir Dir in Wahrheit dienen 40
Sabbatheiligung über Wein und Brot. . . 41

III. *Preis* 43
Der da sprach – und die Welt ward . . . 44
Alles, was atmet und lebt 46

IV. *„Geheiligt werde Dein Name!“* 50
Qaddisch 53
„Heilig, heilig, heilig!“. 54

V. *Schöpfung* 59
Der die Abende dunkeln läßt 60
Der die Monate erneut. 61
Körper und Seele 63
Segenssprüche in der Natur 65

VI. *Offenbarung* 67
In undurchsichtiger Lauterkeit 68
Geber der Torah 70
Die Jünger der Weisen vermehren den Frieden. 72
Seine Lehre ist Wahrheit 73

VII. *Erlösung* 76
Die Welt, die erneuert werden wird . . . 77
Daß sie alle ein Bund werden 78
Das Reich des Allmächtigen 80

VIII. *Sünde und Vergebung* 83
Staub im Leben und im Tod 85
Ja, wir haben gesündigt 86
Die Zeit würde aufhören, nicht die Sünden 88
Du reichst Deine Hand den Frevlern . . . 93

IX. *Das Gottesvolk in der Geschichte* . . 98
In jeder Generation 99
Vereitelter Pogrom 104
Starke in die Hand der Schwachen . . . 105
Die Opfer der Kreuzfahrer 107
Die sich in Bedrängnis befinden 108
Möge Er auch uns antworten 110

X. *Der Tischdank* 113
Der alle speist 114
Für das Land und für die Ernährung . . . 114
Der Jerusalem erbaut 116
Der gut und gütig ist 117

XI. *Die jüdische Trauung* 119

XII. *Der Bund der Beschneidung* 124

XIII. *Die Beerdigung* 130

XIV. *Ein Schlußgesang* 135

XV. *Ausgewählte Bibliographie zum jüdischen Gottesdienst* 138

EINLEITUNG

Es wurde gelehrt:

„Den Herrn, euren Gott zu lieben und Ihm mit eurem ganzen Herzen und eurer ganzen Seele zu dienen“ (Deuteronomium 11,13)
– das bezieht sich auf das Gebet.

Du sagst, das bezieht sich auf das Gebet. Könnte es aber nicht den Opferdienst bedeuten?

Nein. Die Heilige Schrift sagt ja: „Mit eurem ganzen Herzen.“ Welches ist der Gottesdienst, der im Herzen stattfindet? Du mußt schon sagen: das Gebet! B. *Ta'anith* 2a

Es gibt auch andere Formen des Gottesdienstes. Das biblische Israel kannte den Opferkult. Der Mensch dient Gott auch, wenn er seinen Nächsten liebt und all die anderen Gebote und Verbote hält, auf die ihn Bibel und Tradition hinweisen, und er dient Ihm, wenn er sich in den Dienst einer guten Sache stellt. Aber der „Gottesdienst des Herzens“ bleibt doch das Gebet. Schon die Bibel berichtet von großen Betern – Abraham, Moses, Hannah, Jeremia und Daniel, um nur einige wenige zu nennen. Aber das größte „Gebetbuch“ der biblischen Zeit war das Buch der Psalmen mit seinen hundertundfünfzig Dichtungen, die allen menschlichen Gefühlen Ausdruck verleihen und die, in ausgewählten Kapiteln, zu jeder menschlichen Lage passen. Trauer und Freude, Sieg und Niederlage, Zerknirschung und Triumph, Beschwerde und Lobpreisung – sie alle und viele andere Stimmungen und Befindlichkeiten kommen in den biblischen Psalmen zu Wort.

Diese Fähigkeit, das Herz vor Gott poetisch auszuschütten, hörte in Israel nicht mit dem Abschluß des

Psalmenkanons auf. Auch die nachbiblische, die rabbinische Zeit hatte ihre frommen Dichter, wie auch noch das Mittelalter und die Neuzeit ihre großen Beter und Gebetsverfasser hervorbringen konnten, die sich an das Vorbild der Psalmisten hielten. Die große Mehrheit der synagogalen Gebete ist in poetischer Form verfaßt, und wir haben uns hier bemüht, sie so wörtlich wie möglich zu übersetzen und an den Stil und die Struktur des Originals anklingen zu lassen.

Das mag nicht unbedingt immer im Einklang mit dem abendländischen Geschmack stehen. Die semitischen Sprachen lieben die Aufhäufung von Synonyma, die Begabung, dieselben Gedanken in immer anderen Worten auszudrücken. Hebräisch ist eine semitische Sprache, und, mit wenigen Ausnahmen in der Antike, bis zum Anfang der Neuzeit, als das Reformjudentum im kleineren oder größeren Maße die Landessprache als Gebetssprache einführte, war und ist der Gottesdienst der Synagoge ein hebräischer Gottesdienst. Die klassischen Gebete der Synagoge, mit einigen wichtigen aramäischen Ausnahmen, wurden in hebräischer Sprache verfaßt.

Die Herausgeber einiger moderner, meist liberaler jüdischer Gebetbücher haben versucht, nicht nur die Übersetzungen in die Landessprache so zu modernisieren, daß der Beter die Übersetzungen nicht als fremdartig empfindet, sondern auch den hebräischen Originaltext so zurechtzustutzen, daß er mehr dem europäischen Stil entspricht. „Störende Überschwenglichkeit des Ausdrucks und Häufungen synonymer Worte ... sind beseitigt.“ So heißt es im Vorwort zu dem im Jahre 1929 erschienenen „Einheitsgebetbuch“ für die liberalen Synagogen Deutschlands, eines der besten Gebetbücher übrigens, die durch die modernen Reformbestrebungen im Judentum entstanden sind. Das mag für die moderne religiöse Praxis seine Berechtigung haben. Es ist aber nicht das Anliegen dieses Buches, das eben gerade dem modernen Leser das jüdische Gebet vorführen will, „wie es wirklich war" und wie es bei vielen heutigen Juden, jedenfalls bei denen, die beten, noch ist.

Aus ähnlichen Gründen habe ich mich auch an den Text des sogenannten „traditionellen" jüdischen Gebetbuchs gehalten, obwohl einige der Textveränderungen in den reformierten Gebetbüchern meiner eigenen religiösen Einstellung näherkommen als der wörtliche Sinn so mancher traditioneller Gebetstexte. Wenn man aber, wie ich es offen von mir bekenne, eine engere Verwandtschaft zwischen Theologie und Poesie sieht als etwa zwischen Theologie und Naturwissenschaft, wenn man demzufolge die Liturgie als Kunstwerk und nicht als prosaischen Zeitungsbericht betrachtet, dann darf man sich auch nicht zu sehr an dem „wörtlichen Sinn" klassischer Gebetstexte stoßen. Auf jeden Fall hat das sogenannte „traditionelle" Gebetbuch eine längere Geschichte und eine weitere Verbreitung hinter sich als die recht zahlreichen, sich voneinander ständig unterscheidenden jüdischen Gebetbücher der reformierten und liberalen Richtung.

Dabei ist allerdings die Rede von *dem* „traditionellen" jüdischen Gebetbuch eine grobe Vereinfachung. So wie es schon in der Antike einen palästinensischen und einen babylonischen Ritus des jüdischen Gottesdienstes gab, so gingen auch im Mittelalter und in der Neuzeit verschiedene Riten in verschiedenen Weltteilen (ja, selbst in verschiedenen Landesteilen!) weit auseinander. Dennoch blieben, bei allen Verschiedenheiten, die Hauptrubriken der voneinander getrennten jüdischen Riten in der Struktur, wenn auch nicht immer im Wortlaut, identisch, und die sie tragenden Glaubensüberzeugungen waren und sind dieselben.

Der diesem Buch zugrundeliegende Ritus ist die Gebetstradition der sogenannten aschkenasischen (d. h. deutschen und polnischen) Juden, wie sie besonders in den süddeutschen und westdeutschen Gemeinden seit vielen Jahrhunderten gelebt und tradiert wurde. Dieser Ritus ist in dem von Seligmann Baer zuerst im Jahre 1868 in Rödelheim herausgegebenen (und seitdem, bis 1937, in vielen Auflagen erschienenen) Gebetbuch *Seder 'Abhodath Yisrael* festgehalten. Aus diesem hebräischen (und teilweise aramäischen) Text habe ich zum größten Teil meine hier vorliegende Auswahl getroffen.

Es kann nicht der Zweck dieses Buches sein, den Leser in die geschichtliche Entwicklung der jüdischen Liturgie einzuführen. Der an dieser Entwicklung interessierte Leser sei auf die Bibliographie am Ende des Buches verwiesen. Hier soll nur kurz gesagt werden, daß zwar das erste synagogale Gebetbuch nicht vor dem 9. Jahrhundert n. verfaßt wurde, daß aber schon die Rabbinen des 1. Jahrhunderts n. der Form und dem Inhalt der jüdischen Liturgie große Aufmerksamkeit zuwendeten. Sie mögen zwar da in religionsgesetzlichen Kategorien gesprochen haben, wo wir eher von der Ästhetik des jüdischen Gottesdienstes sprechen würden. Es kommt aber auf dasselbe heraus. Man wollte feststellen, welche Gedanken im Gottesdienst zum Ausdruck kommen sollen, welche Gebete als „Pflichtgebete“ und welche Gebete als freiwillige Gebete anzusehen sind, und worin sich die Form der einen Gattung von der Form der anderen unterscheidet. All das wurde durch lange Jahrhunderte mündlich tradiert (die rabbinische Literatur der klassischen Zeit enthält nur ganz wenige Bruchstücke von Gebetstexten), bis es dann vom 9. Jahrhundert an zu den geschriebenen (und später gedruckten) jüdischen Gebetbüchern kam.

Der Begriff „Pflichtgebet“, ausgerechnet auf den „Gottesdienst des Herzens“ angewendet, mag manche feinfühlige Natur etwas fremdartig berühren. Aber für die alten Rabbinen hatte das seine eigene Bewandtnis. Der Synagogengottesdienst nahm nämlich die Stelle des ehemaligen Tempelkults ein. Das Hauptgebet am Morgen und am Nachmittag ersetzte die zwei täglichen Opfer, das Hauptgebet im „Zusatzgottesdienst" *(mussaph)* an ausgezeichneten Tagen die zusätzlichen Opfer, die im Tempel an diesen Tagen dargebracht wurden. Wird es aber wirklich ernst genommen, daß der Gebetsgottesdienst den Opferkult ersetzt, dann wird das Gebet (oder mindestens einige Gebete) genauso religiöse Pflicht, wie es ehemals der Opferkult war. Und das schloß absolut nicht aus, daß man zusätzlich zu den „Pflichtgebeten" so oft beten konnte (und sollte), wie man dazu geneigt war. Für das freiwillige Gebet lag auch keine vorgeschriebene Form vor.

Für das Pflichtgebet aber wählte man die Form der *berakhah,* der Benediktion, die dann zur klassischen Form des jüdischen Gebets schlechthin wurde. Eine *berakhah* ist ein Gebet, das mit „Gelobt seist Du, Herr" anfängt und/oder mit einem Satz, der mit den Worten „Gelobt seist Du, Herr" eingeleitet wird, aufhört. Der Leser wird in diesem Buch häufig auf die *berakhah*-Form stoßen, auch dann, wenn es sich dem Inhalt nach eher um eine Fürbitte als um eine Lobpreisung handelt.

Ist nun die Liturgie ein Kunstwerk, so ist sie es nicht nur in ihren einzelnen Bestandteilen, sondern auch, und nicht weniger, in den Zusammenstellungen der Gebete in den verschiedenen Gottesdiensten, in ihrem Aufbau und in ihrer Gedankenfolge. Um das aber richtig einschätzen zu können, müßte man ein komplettes Gebetbuch vor sich haben – oder über genügend hebräische Kenntnisse verfügen, um einem jüdischen Gottesdienst verständnisvoll zu folgen. Es ist ja hier nicht möglich, einen ganzen jüdischen Gottesdienst, sei es für Werktage, Sabbate oder Festtage, zu dokumentieren. Das Buch geht von einem anderen

Organisationsprinzip aus. Es will dem Leser so viele verschiedene Arten des jüdischen Gebets wie möglich vorführen und auf die Gedanken und Glaubensüberzeugungen hinweisen, die in diesen Gebeten ausgedrückt sind. Es handelt sich hier um eine Auswahl. Immerhin ist das „Kernstück" des täglichen Morgengottesdienstes (und das machte in frührabbinischer Zeit den ganzen Morgengottesdienst aus) in fast vollständiger Form hier wiedergegeben. Die Gottesdienste für die Trauung, die Beschneidung und die Beerdigung sind hier vollständig übersetzt; und auch größere Bruchstücke der häuslichen Liturgie für den Passahabend konnten Aufnahme finden. Aufgrund dieser Beispiele kann sich der Leser hoffentlich ein Bild von dem Aufbau der jüdischen Liturgie machen.

Die Frömmigkeit der Synagoge ist aus der Frömmigkeit der Bibel entstanden. Daher wird im jüdischen Gebet nicht nur der biblische Stil – und besonders der Stil der Psalmisten – vielfach nachgeahmt, sondern das jüdische Gebet ist auch reichlich mit biblischen Zitaten durchsetzt. Für die deutsche Übersetzung der hebräischen Bibel habe ich hauptsächlich die von der Katholischen Bibelanstalt, Stuttgart, im Jahre 1980 herausgegebene und vom Verlag Herder, Freiburg, in Lizenzausgabe veröffentlichte „Einheitsübersetzung" der Bibel benutzt. In den Fällen aber, wo die rabbinische Literatur oder die Liturgie ein anderes Verständnis eines Bibelverses voraussetzt, habe ich meine eigene Übersetzung gewagt und den Vers so übersetzt, wie er von den Rabbinen und von den Verfassern der Gebete verstanden wurde.

Dank gebührt meiner lieben Frau, Dr. Elizabeth R. Petuchowski, die mir auch bei diesem Buch ihre germanistischen Fachkenntnisse zugute kommen ließ.

Cincinnati, Ohio (USA)
Purim 5741 / 20. März 1981 *Jakob J. Petuchowski*

I

DAS KERNSTÜCK DER TÄGLICHEN MORGENANDACHT

Das Kernstück der täglichen Morgenandacht besteht aus zwei Rubriken, die ursprünglich nichts miteinander zu tun hatten, seit dem dritten Jahrhundert n. aber als unzertrennbar betrachtet wurden. Die erste Rubrik besteht aus dem „Höre, Israel!" (d.h. Deuteronomium 6,4–9; 11,13–21; Numeri 15,37–41) und den es einrahmenden Segenssprüchen *(berakhoth)*, die den Glauben an Schöpfung, Offenbarung und Erlösung in hymnischer Form ausdrücken. Die zweite Rubrik ist das Hauptgebet der Synagoge, „Achtzehngebet" benannt, da es ursprünglich aus achtzehn Benediktionen bestand. In der mittelalterlichen und heutigen Liturgie, dem babylonischen, nicht dem palästinensischen Ritus folgend, werden aber *neunzehn* Benediktionen gesprochen. Trotzdem wird das Gebet immer noch „Achtzehngebet" genannt. Es ist erst allmählich entstanden. Teile von ihm reichen bis in die Zeit des jerusalemer Tempels zurück. Die Anordnung der achtzehn Benediktionen und ihre Thematik, nicht aber ihr Wortlaut, wurde unter der Ägide Rabban Gamaliels II (Ende des ersten, Anfang des zweiten Jahrhunderts n.) festgelegt. Der Wortlaut blieb lange Zeit flüssig – bis sich dann zwei Versionen herauskristallisierten, eine palästinensische und eine babylonische. Alle heute noch im Gebrauch stehenden Riten haben die babylonische Vorlage des „Achtzehngebets“ (d. h. ein aus neunzehn Benediktionen bestehendes Gebet) aufgenommen. Die ersten drei und die letzten drei Benediktionen bilden auch den Rahmen des Hauptgebets am Sabbat und an Festtagen. Die dreizehn mittleren Benediktionen fallen dann aber aus und werden durch eine einzige Benediktion, die der „Heiligung des Tages“ gewidmet ist, ersetzt. (Am Neujahrstag kommen im *Mussaph,* d. h. im „zusätzlichen“ Gottesdienst, noch zwei weitere Benediktionen hinzu.) Der Abendgottesdienst ist dem Morgengottesdienst darin ähnlich, daß auch er als Kernstück das „Höre, Israel!“ mit seinen Segenssprüchen und das Achtzehngebet enthält, wobei allerdings die Segenssprüche des „Höre Israel!“ einen anderen Wortlaut haben, der sich z. T. auf den Sonnenuntergang bezieht. (Siehe unten, S. 60.) Daß in der Synagoge der frührabbinischen Zeit der öffentliche Gottesdienst überhaupt erst mit den Segenssprüchen des „Höre, Israel!“ begonnen hat, ist noch heute daraus ersichtlich, daß, obzwar sich seit Jahrhunderten verschiedene Rubriken davorgesetzt haben, die Aufforderung zum Gebet („Preiset den Herrn, den Hochzupreisenden!“) erst als Einleitung zu diesem „Kernstück“ der Morgenandacht erscheint.

Das „Höre, Israel!“ und seine Segenssprüche

Preiset den Herrn, den Hochzupreisenden!
Gepriesen sei der Herr, der Hochzupreisende,
in Zeit und Ewigkeit.

Gelobt seist Du,
Herr, unser Gott,

Weltenherrscher,
Bildner des Lichts und Schöpfer der Finsternis,
Stifter des Friedens und Schöpfer des Alls,
der in Barmherzigkeit das Licht leuchten läßt
für die Erde und für ihre Bewohner,
und der in Seiner Güte
jeden Tag beständig
das Werk der Schöpfung erneut.
Herr, wie groß sind Deine Werke! (Psalm 92, 6.)
Sie alle hast Du mit Weisheit geschaffen.
Voll ist die Erde von Deinen Gütern.
...
„Danket dem Schöpfer der großen Lichter,
denn ewig währt Seine Huld!" (Psalm 136, 7.)
Laß ein neues Licht über Zion aufleuchten,
daß wir uns alle bald seines Glanzes erfreuen.
Gelobt seist Du, Herr,
der die Lichter erschafft.

Mit viel Liebe hast Du uns geliebt,
Herr, unser Gott;
mit großer, unendlicher Güte
hast Du uns umhegt.
Unser Vater, unser König!
Um unserer Väter willen,
die auf Dich vertraut,
und die Du die Gesetze des Lebens gelehrt hast,
sei uns gnädig,
und lehre auch uns.
Unser Vater,
barmherziger und allerbarmender Vater,
erbarme Dich unser,
und gib uns ein empfängliches Herz,
daß wir in Liebe

begreifen und verstehen,
hören, lernen und lehren,
hüten und erfüllen
alle Worte Deiner Torah.
Erleuchte unsere Augen in Deiner Torah,
laß unser Herz an Deinen Geboten hangen.
Einige unser Herz,
Deinen Namen zu lieben und zu fürchten,
daß wir nie und nimmer zuschanden werden.
Denn wir vertrauen
auf Deinen heiligen, großen und furchtbaren Namen;
wir jubeln und freuen uns Deines Heils.
So bringe uns in Frieden heim
von den vier Enden der Erde,
und führe uns aufrecht in unser Land.
Denn Du bist ein Gott, der Heil schafft,
und aus allen Völkern und Zungen
hast Du uns erwählt.
Du hast uns Deinem großen Namen nahegebracht
für immer und in Wahrheit,
daß wir Dir dankbar huldigen
und Deine Einheit in Liebe bekennen.
Gelobt seist Du, Herr,
der Sein Volk Israel in Liebe erwählt.

„Höre, Israel!
Der Herr ist unser Gott, der Herr ist einzig.“ (Deut. 6, 4.)
Gelobt sei der Name der Herrlichkeit Seines Reiches
in Zeit und Ewigkeit.

Du sollst den Herrn, deinen Gott, lieben mit deinem ganzen Herzen, mit deiner ganzen Seele und mit deiner ganzen Kraft. Diese Worte, auf die Ich dich heute verpflichte, sollen auf deinem Herzen sein. Du sollst sie deinen Kindern einschärfen. Du sollst von ihnen reden, wenn du zu Hause sitzt und wenn du auf dem Wege gehst, wenn du dich schlafen legst und wenn du aufstehst. Du sollst sie als Zeichen an deine Hand binden. Zum Stirnband seien sie zwischen deinen Augen. Du sollst sie auf die Pfosten deines Hauses und deiner Tore schreiben. (Deuteronomium 6, 5–9.)

Wenn ihr auf Meine Gebote hört, auf die Ich euch heute verpflichte, wenn ihr also den Herrn, euren Gott, liebt und Ihm mit ganzem Herzen und mit ganzer Seele dient, dann gebe Ich eurem Land seinen Regen zur rechten Zeit, den Frühregen und den Spätregen und du kannst dein Korn, Most und Öl ernten; dann gebe Ich deinem Vieh sein Gras auf dem Feld, und du kannst essen und satt werden. Aber nehmt euch in acht! Laßt euer Herz nicht verführen, weicht nicht ab, anderen Göttern zu dienen, und werft euch nicht vor ihnen nieder! Sonst wird der Zorn des Herrn gegen euch entbrennen. Er wird den Himmel zuschließen, so daß kein Regen fällt. Der Acker wird keinen Ertrag bringen, und ihr werdet unverzüglich aus dem prächtigen Land getilgt sein, das der Herr euch geben will. Legt diese Worte auf euer Herz und auf eure Seele. Ihr sollt sie als Zeichen an eure Hand binden. Zum Stirnband seien sie zwischen euren Augen. Ihr sollt sie eure Kinder

lehren, indem ihr von ihnen redet, wenn du zu Hause sitzt und wenn du auf dem Wege gehst, wenn du dich schlafen legst und wenn du aufstehst. Du sollst sie auf die Pfosten deines Hauses und deiner Tore schreiben. Auf daß eure Tage und die Tage eurer Kinder zahlreich werden in dem Land, das der Herr euren Vätern zugeschworen hat, es ihnen zu geben, solange der Himmel sich über die Erde spannt. (Deuteronomium 11, 13–21.)
Der Herr sprach zu Moses: Rede zu den Israeliten und sage ihnen, sie sollen sich Schaufäden machen an die Ecken ihrer Kleider in all ihren Generationen, und an den Schaufäden der Ecke sollen sie einen Faden von himmelblauer Wolle anbringen. Sie seien euch zu Schaufäden; und wenn ihr sie seht, werdet ihr euch an alle Gebote des Herrn erinnern und sie halten. Auf daß ihr nicht den Verführungen eures Herzens und eurer Augen nachgeht, denen ihr nachbuhlt. Ihr sollt so an alle Meine Gebote denken und sie halten: dann werdet ihr eurem Gott heilig sein. Ich bin der Herr, euer Gott, der euch aus Ägypten herausgeführt hat, um für euch Gott zu sein. Ich, der Herr, bin euer Gott. (Numeri 15, 37–41.)

Wahr und fest,
gegründet und bleibend,
gerade und bewährt,
lieblich und teuer,
begehrt und anmutig,
geordnet und wohlgefällig,
gut und schön
ist dieses Wort für uns
in Zeit und Ewigkeit.

Wahr ist's,
der ewige Gott ist unser König,
der Fels Jakobs ist der Schild unseres Heils.
Von Geschlecht zu Geschlecht
besteht Er
und besteht Sein Name.
Sein Thron ist fest gegründet,
und Sein Reich und Seine Treue
bestehen in Ewigkeit.
Seine Worte,
lebendig und bleibend,
bewährt und begehrt,
sind wahr in alle Ewigkeit
für unsere Väter
und für uns,
für unsere Kinder
und für unsere kommenden Geschlechter
und für alle Geschlechter der Nachkommen Israels,
Deiner Diener.
...
Beistand unserer Väter
warst Du
von jeher,
Schild und Retter
ihren Kindern nach ihnen
in jedem Geschlecht.
...
Aus Ägypten hast Du uns erlöst,
Herr, unser Gott,
und aus der Knechtschaft hast Du uns befreit.
Alle ihre Erstgeborenen hast Du erschlagen,
aber Deinen Erstgeborenen hast Du erlöst.
Das Schilfmeer hast Du gespalten,
die Frevler hast Du versenkt;

aber Deine Lieblinge hast Du hindurchgeführt.
Als die Wasser ihre Bedränger bedeckten
und kein einziger von ihnen übrig blieb,
da lobten die Geliebten
und verherrlichten Gott.
Die Lieblinge stimmten Gesänge an,
Lieder und Lobpreisungen,
Segnungen und Danklieder
dem König,
dem lebendigen und beständigen Gott.
Hoch ist Er und erhaben,
groß und furchtbar.
Er erniedrigt die Stolzen
und erhöht die Niedrigen.
Er befreit die Gefangenen
und erlöst die Demütigen.
Er hilft den Armen
und erhört Sein Volk,
wenn es zu Ihm schreit.
Lobpreisungen dem höchsten Gott,
gelobt sei Er und gepriesen!
Moses und die Kinder Israel
stimmten Dir ein Lied an
mit großer Freude,
und sie alle sprachen:
„Wer ist wie Du unter den Mächten, Herr!
Wer ist wie Du, prangend durch Heiligkeit,
in Ehrfurcht gepriesen, Wundertäter!“
(Exodus 15, 11.)

Mit einem neuen Lied
priesen die Erlösten Deinen Namen
am Ufer des Meeres.
Alle zusammen
bekannten sich dankbar zu Dir,

nahmen Deine Herrschaft auf sich
und sprachen:
„Der Herr regiert in Zeit und Ewigkeit!“
(Exodus 15, 18.)

Fels Israels,
Erhebe Dich zur Hilfe Israels.
Befreie, wie Du versprochen,
Juda und Israel.
Unser Erlöser,
Herr der Heerscharen ist Sein Name,
Heiliger Israels.
Gelobt seist Du, Herr,
der Israel erlöst hat.

Anmerkungen

Quelle: Baer, a.a.O., S. 76–86.

Zu Zeilen 4–6: Dieser Segensspruch basiert auf Jesaja 45, 7. Während aber der Prophet Gott sagen läßt, daß Er das Unheil erschafft, zogen es die Rabbinen, bei aller Bejahung der deuterojesajanischen Theologie, dennoch vor, diesen Gedanken in der Liturgie euphemistisch auszudrücken, indem sie Gott als den „Schöpfer des Alls“ umschrieben. Die talmudische Diskussion darüber befindet sich in b. *Berakhoth* 11b.

Zu Zeilen 9–13: Der Dualismus, gegen den sich schon Deuterojesaja wandte, als er die Lehre von den zwei Göttern (des Lichts und der Finsternis) ablehnte, nimmt in der Geschichte der Religion immerwährend neue Formen an. Die Rabbinen, wie auch die Kirchenväter, hatten den Gnostizismus zu bekämpfen, der von zwei Göttern sprach: dem guten, rein geistigen Gott, der mit der Materie nichts zu schaffen hat, und dem weltschöpfenden Gott, der, eben weil er die materielle Welt erschuf, als der böse Gott galt.

Dagegen behaupteten die Rabbinen, daß der Eine Gott gerade durch Seine Weltschöpfung, die Er täglich erneut, Seine *Barmherzigkeit* und Seine *Güte* beweist.

Zu Zeile 17: Hier haben wir in der Übersetzung einen längeren Passus ausgelassen, der auch ursprünglich kein Bestandteil dieser Benediktion war und erst von späteren Mystikern hier eingeflochten wurde. Es handelt sich hier um eine Identifizierung der himmlischen Lichter mit den Engeln, die Gott täglich ein Trisagion singen. Eine andere Version des Gesangs der Engelchöre bringen wir auf Seite 54–57.

Zu Zeilen 63–64: Das ist der erste Vers der ersten Perikope des „Höre, Israel", die Verkündigung des Monotheismus. Die ganze erste Perikope (Deuteronomium 6, 4–9) galt den Rabbinen als das „Aufsichnehmen des Jochs der göttlichen Herrschaft", und die zweite Perikope (Deuteronomium 11, 13–21) nannte sie das „Aufsichnehmen des Jochs der Gebote". Sie bestanden darauf, daß man das Joch der Gebote erst dann auf sich nehmen kann, wenn man die göttliche Herrschaft anerkannt hat. (*Mischnah Berakhoth* 2:2.) Obwohl der Hauptinhalt der dritten Perikope (Numeri 15, 37–41) das Gebot der Schaufäden ist, wurde sie wegen ihres Endes von den Rabbinen „Auszug aus Ägypten" genannt. (*Mischnah Berakhoth* 1.5.)

Zu Zeilen 65–66: Dieser Satz, nicht aus Deuteronomium 6, 4–9, war zur Zeit des jerusalemer Tempels die Antwort der Gemeinde, wenn der Hohepriester den Namen Gottes aussprach. (Vgl. *Mischnah Joma* 6:2.) Die Verwendung dieses Satzes innerhalb des „Höre, Israel!" geht auf eine frühere, nicht mehr übliche Vortragsweise dieser Perikope zurück, in der Deuteronomium 6, 4 vom Vorbeter gesprochen wurde und die Gemeinde mit „Gelobt sei der Name ..." respondierte. Als aber die Gemeinde anfing, zusammen mit dem Vorbeter das „Höre, Israel!" zu sprechen, lag für eine derartige „Antwort" kein Grund mehr vor. Es ist daher in traditionellen Synagogen üblich, mit Ausnahme des Versöhnungstags, diesen Satz nur leise zu sprechen.

Zu Zeilen 67–94: Die drei Perikopen des „Höre, Israel!" sind das Glaubensbekenntnis Israels. Der Jude bekennt sich zu dem Einen Gott, zum Gebot der Liebe und zu den anderen Geboten, zum Glauben, daß Tugend belohnt und Laster bestraft wird, und schließlich zu der Heilstätigkeit Gottes. Jedoch bedeutet die Rezitation oder das Lesen von drei biblischen Stellen noch nicht, daß man das, was diese Stellen besagen, auch wirklich *glaubt*. Es folgt daher auf diese biblischen Stellen die Bekräftigung der Gemeinde und des Einzelnen, daß man das, was die Heilige Schrift hier ausdrückt, auch tatsächlich als wahr anerkennt.

Zu Zeile 95: Hier haben wir in der Übersetzung einen Paragraphen ausgelassen, der in anderen Worten die bereits wiedergegebenen Gedanken wiederholt.

Zu Zeilen 96–154: Hier wird der Erlösungsgedanken, wie er in Numeri 15, 37–41 nur kurz angedeutet wurde, weiter ausgemalt, indem der Auszug aus Ägypten und die Errettung am Schilfmeer, prototypisch für die jüdische Auffassung der Heilsgeschichte, täglich „nacherlebt" wird. Die Erinnerung an diese erste Erlösungstat Gottes führt dann, am Ende dieses Gebets, zur Hoffnung auf die messianische Erlösung.

Zu Zeile 102: Eine weitere Bekräftigung der Allmacht Gottes und Seiner Eigenschaft als „Erster und Letzter", sowie eine Heilsverheißung denen, die auf Seine Worte hören, haben wir in der Übersetzung ausgelassen.

Das Achtzehngebet

„Herr! Öffne meine Lippen,
daß mein Mund Dein Lob verkünde." (Psalm 51, 17.)
Gelobt seist Du, Herr,
unser Gott und Gott unserer Väter,
Gott Abrahams,
Gott Isaaks
und Gott Jakobs,
großer, allmächtiger und furchtbarer Gott,
höchster Gott,
der liebevolle Gnade erweist,

Schöpfer des Alls,
der der Frömmigkeit der Väter gedenkt
und ihren Kindeskindern den Erlöser bringt,
um Seines Namens willen
in Liebe.
König, Helfer, Retter und Schild!
Gelobt seist Du, Herr,
Schild Abrahams.

Du bist mächtig in Ewigkeit, Herr.
Du belebst die Toten,
Du bist reich an Hilfe.
Du erhältst alles Lebende in Liebe,
belebst die Toten mit großer Barmherzigkeit.
Du stützt die Fallenden,
heilst die Kranken
und befreist die Gefesselten.
Du bewährst Deine Treue
denen, die im Staube schlummern.
Wer ist wie Du,
der Allmacht Herr!
Wer ist Dir gleich,
ein König, der tötet und belebt
und das Heil erblühen läßt!
Getreu bist Du,
die Toten wieder zu beleben.
Gelobt seist Du, Herr,
der die Toten belebt.

Du bist heilig
und Dein Name ist heilig.
Die zur Heiligung Berufenen
preisen Dich Tag für Tag.
Gelobt seist Du, Herr,
der heilige Gott.

Du begnadest den Menschen mit Erkenntnis
und lehrst den Sterblichen Einsicht.
Begnade uns
mit Erkenntnis, Einsicht und Verstand von Dir.
Gelobt seist Du, Herr,
der mit Erkenntnis begnadet.

Führe uns zurück, unser Vater, zu Deiner Torah.
Bring uns näher, unser König, Deinem Dienst.
Laß uns bußfertig zu Dir zurückkehren.
Gelobt seist Du, Herr,
dem Umkehr wohlgefällig ist.

Vergib uns, unser Vater, daß wir gefehlt,
verzeih uns, unser König, daß wir abgefallen,
denn Du vergibst und verzeihst.
Gelobt seist Du, Herr,
der gnädig immer wieder verzeiht.

Sieh unsere Not und führe unseren Streit
und erlöse uns bald um Deines Namens willen,
denn Du bist ein mächtiger Erlöser.
Gelobt seist Du, Herr,
der Israel erlöst.

Heile uns, Herr, dann sind wir geheilt,
hilf uns, dann ist uns geholfen,
denn unser Ruhm bist Du.
Bring allen unseren Schmerzen volle Genesung,
denn ein wahrhaft heilender,
erbarmungsvoller König
bist Du, Gott.
Gelobt seist Du, Herr,
der die Kranken Seines Volkes Israel heilt.

Segne uns, Herr, unser Gott, dieses Jahr

und die Fülle seines Ertrags zum Guten.
Gib Segen für die Flur,
sättige uns mit Deinem Gut
und segne unser Jahr wie die guten Jahre.
Gelobt seist Du, Herr,
der die Jahre segnet.

Stoße in die große Posaune
zu unserer Befreiung
und erhebe das Panier,
unsere Verbannten zu sammeln.
Sammle uns alle von den vier Enden der Erde.
Gelobt seist Du, Herr,
der die Verbannten Seines Volkes
Israel sammelt.

Bring zurück unsere Richter wie vordem
und unsere Ratgeber wie einst.
Wende ab von uns Seufzen und Klage
und regiere über uns, Du allein, Herr,
in Gnade und Erbarmen,
und rechtfertige uns im Gericht.
Gelobt seist Du, Herr,
der Gerechtigkeit und Recht liebt.

Den Verleumdern sei keine Hoffnung,
und alle Übeltäter mögen im Augenblick
untergehen.
Mögen sie alle rasch vertilgt werden,
und die Frevler entwurzle schnell,
zerschmettere sie, wirf sie nieder,
demütige sie,
bald in unseren Tagen.
Gelobt seist Du, Herr,

der die Feinde zerbricht und die
Frevler demütigt.

Über die Gerechten und über die Frommen,
über die ältesten Deines Volkes Israel,
über den Rest ihrer Gelehrten,
über die frommen Proselyten
und über uns selbst
rege sich Dein Erbarmen,
Herr, unser Gott.
Gib guten Lohn allen,
die auf Deinen Namen in Wahrheit vertrauen.
Gib unseren Anteil mit ihnen zusammen,
damit wir nie zuschanden werden,
denn auf Dich vertrauen wir.
Gelobt seist Du, Herr,
Stütze und Zuversicht der Gerechten.

Nach Jerusalem, Deiner Stadt,
kehre zurück in Erbarmen.
Wohne in ihrer Mitte,
wie Du versprochen.
Baue sie auf,
bald in unseren Tagen,
als ewigen Bau.
Den Thron Davids
richte bald auf in ihrer Mitte.
Gelobt seist Du, Herr,
der Jerusalem erbaut.

Den Sproß Davids, Deines Dieners,
laß bald sprossen,
und erhebe seine Kraft mit Deinem Heil,
denn auf Dich hoffen wir jeden Tag.

Gelobt seist Du, Herr,
der die Kraft des Heils emporsprießen läßt.

Höre unsere Stimme,
Herr, unser Gott,
schone uns und erbarme Dich über uns.
Empfange mit Gefallen und Erbarmen
unser Gebet,
denn Gebete und Bitten erhörst Du, Gott.
Weise uns nicht leer von Dir hinweg,
unser König,
denn Du erhörst das Gebet Deines Volkes
Israel
in Erbarmen.
Gelobt seist Du, Herr,
der das Gebet erhört.

Hab Wohlgefallen,
Herr, unser Gott,
an Deinem Volk Israel
und an ihrem Gebet.
Bring den Dienst zurück
in das Heiligtum Deines Hauses;
und die Opfer Israels und ihr Gebet
nimm in Liebe und Wohlgefallen auf.

Zu ständigem Wohlgefallen
sei der Dienst Deines Volkes Israel.
Und mögen unsere Augen es sehen,
wenn Du nach Zion in Erbarmen zurückkehrst.
Gelobt seist Du, Herr,
der Seine Gegenwart nach Zion zurückbringt.

Dankend bekennen wir uns zu Dir,
der Du der Herr, unser Gott
und der Gott unserer Väter bist
in Zeit und Ewigkeit.

Fels unseres Lebens,
Schild unseres Heils
bist Du
von Geschlecht zu Geschlecht.
Dankbar bekennen wir uns zu Dir
und künden Deinen Ruhm
für unser Leben,
das in Deine Hand gegeben,
und unsere Seelen,
die Dir anvertraut,
und Deine Wunder,
die täglich uns zuteil werden,
und Deine Wundertaten und Wohltaten
zu jeder Zeit,
abends, morgens und mittags.
Allgütiger, Dein Erbarmen ist nie zu Ende.
Allbarmherziger, Deine Güte hört nie auf.
Von jeher hoffen wir auf Dich.
Für all dies sei Dein Name, unser König,
stets gepriesen und erhoben
in Zeit und Ewigkeit.
Alles, was da lebt,
bekenne sich dankbar zu Dir
und lobpreise aufrichtig Deinen Namen, Gott,
der Du unser Heil und unsere Hilfe bist.
Gelobt seist Du, Herr,
Allgütiger ist Dein Name,
und schön ist es, uns in Dankbarkeit
zu Dir zu bekennen.

Gib Frieden,
Glück und Segen,
Gnade, Liebe und Erbarmen
uns und ganz Israel, Deinem Volke.

Unser Vater,
segne uns allesamt
im Licht Deines Angesichts.
Denn im Licht Deines Angesichts
gabst Du uns,
Herr, unser Gott,
die Torah des Lebens,
die Liebe zur Güte,
Gerechtigkeit und Segen,
Erbarmen, Leben und Frieden.
Möge es gut sein in Deinen Augen,
Dein Volk Israel zu segnen
mit Deinem Frieden,
zu jeder Zeit und zu jeder Stunde.
Gelobt seist Du, Herr,
der Sein Volk Israel mit Frieden segnet.

Mein Gott,
bewahre meine Zunge vor Bösem
und meine Lippen vor falscher Rede.
Vor denen, die mir fluchen,
verstumme meine Seele.
Ja, meine Seele sei wie Staub
allen gegenüber.
Öffne mein Herz Deiner Torah;
meine Seele folge Deinen Geboten.
Alle, die Böses gegen mich sinnen –
vereitle ihren Rat
und zerstöre ihre Pläne.
Tue es um Deines Namens willen.
Tue es um Deiner Rechten willen.
Tue es um Deiner Heiligkeit willen.
Tue es um Deiner Lehre willen,

„damit gerettet werden
die, die Dich lieben.
Hilf mit Deiner Rechten
und antworte mir“. (Psalm 60, 7.)
„Es seien zum Wohlgefallen
die Worte meines Mundes
und das Sinnen meines Herzens
vor Dir, Herr,
mein Fels und mein Erlöser.“ (Psalm 19, 15.)

Er, der in Seinen Höhen Frieden schafft,
gebe auch uns Frieden
und ganz Israel.
Darauf sprecht Amen.

Anmerkungen

Quelle: Baer, a.a.O., S. 87–104.

Zu Zeile 4: „Unser Gott und Gott unserer Väter“ ist eine sehr häufige Formel im jüdischen Gebet. Sie wurde von einem chassidischen Meister einmal folgendermaßen erklärt: ‚Der Gott unserer Väter‘ steht für uns absolut fest. Er kann uns nicht weggenommen werden. Aber Er ist doch nur der Gott unserer Väter, d. h. nicht der Gott unserer persönlichen Erfahrung und unseres persönlichen Glaubens. Dagegen ist ‚unser Gott‘ der Gott, zu dem wir selbst den Weg gefunden haben. Aber manchmal verlieren wir auch den Weg und wenden uns von Gott wieder ab. Deshalb heißt es so oft im jüdischen Gebet: ‚Unser Gott und Gott unserer Väter‘. Er ist für uns sowohl der Gott, den wir aus persönlicher Erfahrung kennen, wie auch der Gott, dessen Existenz uns durch die Gewißheit der Ahnen verbürgt ist.

Zu Zeile 8: Diese drei Attribute sind Deuteronomium 10, 17 entnommen. Der Versuch, auch noch weitere göttliche Attribute aufzuhäufen, wurde von den Rabbinen verpönt.

Denn der Mensch kann ja ohnehin nicht alle Attribute Gottes völlig erkennen und aussprechen. Vgl. Jakob J. Petuchowski, *Es lehrten unsere Meister*. Freiburg i. Br., 1979, S. 23–24.

Zu Zeilen 19–37: In den rabbinischen Quellen wird diese Benediktion *gebhuroth*, d. h. „die Taten der göttlichen Allmacht" genannt. Im neutestamentlichen Zeitalter war der Glaube an die Auferstehung der Toten ein Hauptstreitpunkt zwischen Pharisäern, die diesen Glauben bejahten, und Sadduzäern, die ihn verneinten. Die *gebhuroth*-Benediktion stammt natürlich aus pharisäisch-rabbinischen Kreisen. Als Jesus zu den Sadduzäern sagte: „Ihr irrt. Ihr kennt weder die Schrift noch die Macht Gottes *(dynamin tou theou)*", hat ihm vielleicht diese *gebhuroth*-Bendiktion, die von der Auferstehung spricht, vorgeschwebt. Vgl. Markus 12, 24 par.

Zu Zeilen 44–49: Das ist das erste Bittgebet innerhalb des Achtzehngebets, und es ist charakteristisch für das Judentum, daß es eine Bitte um Erkenntnis, Einsicht und Verstand ausdrückt. Ein wahres religiöses Leben, wie das Judentum es versteht, verlangt die Bildung und den Einsatz der Vernunft. Hillel (1. Jahrhundert v. bis 1. Jahrhundert n.) lehrte: „Ein Ungebildeter kann nicht sündenscheu, und ein Unwissender kann nicht fromm sein." (*Mischnah Abhoth* 2:5.) Die Dialektik von Vernunft und Glauben wurde im Judentum teilweise dadurch aufgehoben, daß man die Vernunft selbst als Gnadengabe Gottes betrachtete. Vgl. Jakob J. Petuchowski, „The Dialectics of Reason and Revelation" in: Arnold J. Wolf (Hrsg.), *Rediscovering Judaism*. Chicago, 1965, S. 29–50.

Zu Zeilen 80–84: Schon in biblischen Zeiten wurde das Jubeljahr, d. h. das Jahr der Freiheit, durch Posaunenschall verkündet. (Levitikus 25, 9.) So steht dann auch bei den Propheten die messianische Erlösung der Endzeit unter dem Zeichen des Posaunenschalls. (Jesaja 27, 13.)

Zu Zeilen 93–100: Das war ursprünglich eine Verwünschungsformel gegen Ketzer und diejenigen, „die sich von der Gemeinde absonderten". (*Tossephta Berakhoth* 3:25, ed. Lieberman, S. 18.) Als die Judenchristen verdächtigt wurden, gemeinsame Sache mit Rom gegen die jüdischen Freiheitsbestrebungen zu machen, und man sie nicht mehr in den Synagogen sehen wollte, wurden auch sie in dieser Verwünschungsformel erwähnt. Später wandte sich die Formel gegen Übeltäter und Frevler schlechthin. In den modernen, liberalen Gebetbüchern wird diese Formel entweder ausgelassen, oder sie wendet sich gegen den Frevel und die Übeltat, aber nicht gegen die Frevler und die Übeltäter. Vgl. Jakob J. Petuchowski, „Der Ketzersegen" in: M. Brocke, W. Strolz und J. J. Petuchowski (Hrsg.), *Das Vaterunser*. Freiburg i. Br., 1974, S. 90–101.

Zu Zeilen 143–156: Diese Benediktion wurde, in etwas anderer Fassung, schon von den Priestern zur Zeit des Tempels gesprochen und drückte damals die Hoffnung aus, daß Gott den Opferkult mit Wohlgefallen annehmen würde. (*Mischnah Tamid* 5:1.) Die Schlußeulogie lautete: „Gelobt seist Du, Herr, dem allein wir in Ehrfurcht dienen." (*Midrasch Tehillim* 29, ed. S. Buber, p. 116b.) Nach der Tempelzerstörung im Jahre 70 n. wandelte man diese Benediktion in eine Bitte um die wohlgefällige Aufnahme der *Gebete* und um die *Wiederherstellung* des Opferkults um und schloß mit der hier im Text wiedergegebenen Schlußeulogie. Das liberale Judentum im 19. und 20. Jahrhundert, das im Opferkult eine überwundene Form der Gottesverehrung sieht und seine Wiederherstellung nicht erhofft, ließ dann die diesbezügliche Bitte aus, griff aber auf die ursprüngliche Schlußeulogie, die sich ja auch auf den Wortgottesdienst beziehen kann, wieder zurück.

Zu Zeilen 208–232: Dieses Gebet gehört an sich schon nicht mehr zum eigentlichen Achtzehngebet. Es war aber im talmudischen Zeitalter Brauch, daß man nach dem sozusagen „festgesetzten" Achtzehngebet in stiller Andacht seine eigenen und privaten Anliegen vor Gott bringt. Der Talmud (b. *Berakhoth* 16b–17b) zitiert eine Reihe derartiger Privatgebete, die von den berühmten Meistern gesprochen wurden, darunter auch das Gebet von Mar, dem Sohn Rabhinas (4. Jahrhundert n.), das sich dann später in allen jüdischen Riten für diese Rubrik eingebürgert hat.

II

DIE SABBATGEBETE

Wie bereits bemerkt, werden am Sabbat zwar die ersten drei und die letzten drei Benediktionen des Achtzehngebets gesagt, die dreizehn mittleren Bittgebete aber durch eine einzige Benediktion, die der „Heiligung des Tages" gewidmet ist, ersetzt. Das Kernstück dieser Benediktion, das wir unter „Daß wir Dir in Wahrheit dienen" bringen, schließt mit der Schlußeulogie: „Gelobt seist Du, Herr, der den Sabbat heiligt." Ursprünglich hat auch das Hauptgebet am Sabbat nur aus diesem von den ersten drei und letzten drei Benediktionen des Achtzehngebets eingerahmten Kernstück bestanden. Im Laufe der Jahrhunderte entwickelten sich aber verschiedene „Einleitungen" zu diesem Kernstück, die jedem Sabbatgottesdienst, an dem das Hauptgebet gesprochen wird, sein eigenes Gepräge gaben. So drückt das Hauptgebet am Freitagabend den Gedanken an den „Sabbat in der Schöpfung" aus, das Hauptgebet am Sabbatmorgen den Gedanken an den „Sabbat in der Offenbarung", und das Hauptgebet am Sabbatnachmittag den Gedanken an den „Sabbat in der Erlösung". Der Sabbat wird aber nicht nur in der gottesdienstlichen Andacht geheiligt. Sie könnte beinahe sogar als sekundär im Vergleich zu der häuslichen Sabbatfeier betrachtet werden. Am Freitagabend wird im Kreis der Familie bei Kerzenschein am schön gedeckten Tisch der Sabbat mit einem Heiligungsgebet *(qiddusch),* das über Wein und Brot gesprochen (oder gesungen) wird, begrüßt. (Gleiches gilt auch für die Festtage.) Seit dem Mittelalter ist dieses Heiligungsgebet auch ein Bestandteil der synagogalen Freitagabend-Liturgie, da die mittelalterlichen Synagogen auch die Funktion eines Hospizes für Reisende hatten, die in den Synagogen ihre Sabbatmahlzeiten einnahmen.

Ende und Zweck der Schöpfung

Du hast den siebenten Tag Deinem Namen geheiligt als Ende und Zweck der Schöpfung von Himmel und Erde
Mehr als alle anderen Tage hast Du ihn gesegnet.
Mehr als alle anderen Zeiten hast Du ihn geheilt.
So steht es auch in Deiner Torah geschrieben:
„Da wurden Himmel und Erde vollendet und ihr ganzes Gefüge. Am siebenten Tag vollendete Gott das Werk, das Er geschaffen hatte. Er ruhte am siebenten Tag, nachdem Er Sein ganzes Werk vollbracht hatte. Und Gott segnete den siebenten Tag und erklärte ihn für heilig; denn an ihm ruhte Gott, nachdem Er das ganze Werk der Schöpfung vollendet hatte, es fortzugestalten." (Genesis 2, 1–3.)

Anmerkungen

Quelle: Baer, a.a.O., S. 187–188.

Zu Zeile 2: „Ende und Zweck“: Das Hebräische drückt das in ein und demselben Wort, *takhlith,* aus. Vgl. die Bedeutungen des griechischen Wortes *telos*. Zur Bedeutung des Sabbats im rabbinischen Judentum vergleiche Jakob J. Petuchowski, *Die Stimme vom Sinai.* Freiburg i. Br., 1981, S. 67–79.

Moses freute sich

Moses freute sich mit der Gabe seines Anteils,
denn einen treuen Diener hast Du ihn genannt.
Eine herrliche Krone hast Du ihm aufs Haupt gesetzt,
als er vor Dir stand auf dem Berge Sinai.
Zwei steinerne Tafeln
brachte er in seiner Hand herab;
und auf ihnen stand geschrieben,
daß der Sabbat zu halten sei.
So heißt es auch in Deiner Torah:
„Die Israeliten sollen den Sabbat hüten, indem sie ihn von Generation zu Generation als einen ewigen Bund halten. Für alle Zeiten wird er ein Zeichen Mir und den Israeliten sein. Denn in sechs Tagen hat der Herr Himmel und Erde gemacht, und am siebenten Tag hat Er geruht und gefeiert.“ (Exodus 31, 16–17.) …

Anmerkungen

Quelle: Baer, a.a.O., S. 219.

Zu Zeile 2: Vgl. Numeri 12,7.

Zu Zeilen 10–14: Hier hätte man an sich als Zitat das Sabbatgebot des Dekalogs (Exodus 20,8–11 oder Deuteronomium 5,12–15) erwartet. Statt dessen kommt Exodus 31,16–17 hier zur Erwähnung. Vielleicht hat das damit etwas zu tun, daß man einer Häresie, die den Inhalt der göttlichen Offenbarung ausschließlich in den Zehn Geboten sah, vorbeugen wollte. Vgl. Jakob J. Petuchowski, *Die Stimme vom Sinai*. Freiburg i.Br., 1981, S. 12–14.

Tag der Ruhe und der Heiligkeit

Du bist einzig und Dein Name ist einzig,
und wer ist wie Dein Volk Israel,
ein einzig Volk auf Erden!
Einen Glanz der Größe,
eine Krone des Heils,
einen Tag der Ruhe und der Heiligkeit
hast Du Deinem Volk gegeben.
Abraham jubelt,
Isaak frohlockt,
Jakob und seine Kinder ruhen an ihm.
Es ist die Ruhe der Liebe und Hingebung,
die wahre und treue Ruhe,
die Ruhe des Friedens und der Sorglosigkeit,
der Beruhigung und der Sicherheit,
die vollkommene Ruhe,
an der Du Wohlgefallen hast.
Mögen doch Deine Kinder es erkennen
und wissen,

daß ihre Ruhe von Dir herkommt;
und durch ihre Ruhe sollen sie Deinen Namen heiligen.

Anmerkungen

Quelle: Baer, a.a.O., S. 262–263.

Zu Zeile 1: Zwar nimmt Israel täglich das „Joch der göttlichen Herrschaft" auf sich, indem es das „Höre, Israel!" spricht. Aber die weltweite Anerkennung des einen und einzigen Gottes bleibt messianische Zukunftshoffnung und wird als solche am Ende eines jeden jüdischen Gottesdienstes in den Worten von Sacharja 14, 9 ausgesprochen. (Siehe unten, S. 81.) Jedoch gilt der Sabbat den Rabbinen als ein „Sechzigstel der kommenden Welt" (b. *Berakhoth* 57b), und die eschatologische Zukunft wird beschrieben als „Tag, der ganz Sabbat und Ruhe ist für das Leben der Ewigkeit". (*Mischnah Tamid* 7:4.) So wird der Sabbat eben als ein Stück „vorweggenommene Eschatologie" begangen, und das, was außerhalb des Sabbats reine Zukunftserwartung ist, nämlich: „An jenem Tage wird der Herr der einzige sein und Sein Name der einzige" (Sacharja 14, 9), wird am Sabbat selbst als Tatsache und Wirklichkeit ausgesprochen. Die Thematik von Schöpfung, Offenbarung und Erlösung in den Hauptgebeten des Sabbats wurde von Franz Rosenzweig (1886–1929) klar erkannt und im dritten Teil seines „Sterns der Erlösung" (1921) verarbeitet.

Daß wir Dir in Wahrheit dienen

Unser Gott und Gott unserer Väter!
Nimm unsere Ruhe mit Wohlgefallen an,
heilige uns durch Deine Gebote,
und gib uns unseren Anteil an Deiner Torah.
Sättige uns mit Deinem Gut,

und erfreue uns mit Deinem Heil.
Läutere unser Herz,
daß wir Dir in Wahrheit dienen.
Und, Herr, unser Gott,
laß in Liebe und Wohlgefallen
Deinen heiligen Sabbat unser Erbe bleiben;
und möge Israel, das Deinen Namen heiligt,
an ihm seine Ruhe finden.
Gelobt seist Du, Herr,
der den Sabbat heiligt.

Anmerkung

Quelle: Baer, a.a.O., S. 188.

Sabbatheiligung über Wein und Brot

(Dieses Gebet wird mit den Worten von Genesis 2, 1–3 eingeleitet. Siehe oben, S. 37.)

Gelobt seist Du, Herr, unser Gott,
Weltenherrscher,
der die Frucht des Weinstocks erschafft.

Gelobt seist Du, Herr, unser Gott,
Weltenherrscher,
der uns durch Seine Gebote geheiligt,
uns Wohlgefallen bezeugt
und in Liebe und Huld
Seinen heiligen Sabbat zum Anteil
gemacht hat –
zum Andenken an das Werk der Weltschöpfung.
Er ist der erste Tag der heiligen Feste –

eine Erinnerung an den Auszug aus Ägypten.
Du hast uns aus allen Völkern
erwählt und geheiligt,
und Deinen heiligen Sabbat
hast Du uns in Liebe und Wohlgefallen
zum Anteil gegeben.
Gelobt seist Du, Herr,
der den Sabbat heiligt.

Gelobt seist Du, Herr, unser Gott,
  Weltenherrscher,
der das Brot aus der Erde hervorbringt.

Anmerkungen

Quelle: Baer, a.a.O., S. 197–198.

Zu Zeilen 8 und 10: Zwei Beweggründe zur Sabbatheiligung werden in der Heiligen Schrift genannt. In Exodus 20, 11 wird das Sabbatgebot mit Gottes Schöpfung der Welt begründet. In Deuteronomium 5, 15 gilt die Erinnerung an den Auszug aus Ägypten als Motivation für die Sabbatheiligung. In diesem Heiligungsgebet kommen *beide* Motive zum Ausdruck.

Zu Zeilen 1–2 und 18–19: Mit der Form des Segensspruchs *(berakhah)* über Wein und Brot vgl. auch die entsprechenden „Begleitgebete zur Gabenbereitung" der Eucharistiefeier in: *Meßbuch für die Bistümer des deutschen Sprachgebietes.* Kleinausgabe, 1978, S. 344–345.

III
PREIS

Nicht weniger als dreiundsiebzig der hundertfünfzig biblischen Psalmen kommen als ganze Kapitel in den Gottesdiensten für Werktage, Sabbate und Feste zur Verwendung. Vgl. Joseph H. Hertz (Hrsg.), *The Authorised Daily Prayer Book*. New York, 1948, S. 1120. Es sind auch zahlreiche Psalmenverse in Gebeten zitiert. Zudem üben Einzelne den frommen Brauch, innerhalb einer gewissen Zeitspanne (Woche, Monat, usw.) das ganze biblische Buch der Psalmen zu beten. Liturgisch wird aber unterschieden zwischen dem freiwilligen Psalmensagen und den aus Psalmen bestehenden liturgischen Rubriken. Zu den Letzteren gehören das Singen von den Psalmen 113–118 an den drei Wallfahrtsfesten (Passah, Wochenfest, Laubhüttenfest), am Weihefest *(Chanukkah)* und an Neumondstagen, wie auch die Rubrik „Verse der Lobpreisung" in der täglichen Morgenliturgie. In diesen Rubriken werden die Psalmen von Benediktionen eingerahmt, so daß erkenntlich ist, wo die Rubrik anfängt und wo sie aufhört. Von den zwei hier wiedergegebenen Gebeten ist das erste die Einleitungsbenediktion zu der täglichen Rubrik „Verse der Lobpreisung“ und das zweite der feierliche Übergang zur Schlußeulogie, die diese Rubrik an Sabbaten und Festtagen abschließt.

Der da sprach – und die Welt ward

Gelobt sei der, der da sprach – und die Welt ward;
der Schöpfer des Weltalls sei gelobt.
Gelobt sei, dessen Wort ist Tat,
dessen Beschließen ist Vollführen.
Gelobt sei, der sich Seiner Welt erbarmt.
Gelobt sei, der sich Seiner Geschöpfe erbarmt.
Gelobt sei, der erlöst und errettet,
gelobt sei Sein Name.
Gelobt seist Du, Herr, unser Gott, Weltenherrscher.
Du bist der Allmächtige und der erbarmende Vater.
Dein Lob erschallt aus dem Mund Deines Volks,
Dein Ruhm und Preis
wird von Deinen frommen Dienern gesungen.
Und mit den Liedern Deines Dieners David
wollen auch wir Dich besingen, Herr, unser Gott,
mit Lobgesängen und Psalmen Deine Größe künden
und Dir huldigen, unser König, unser Gott,
Du einziger, ewigseiender König.
Dein großer Name

werde gerühmt und verherrlicht
für und für.
Gelobt seist Du, Herr, König,
gefeiert in Lobgesängen.

Anmerkungen

Quelle: Baer, a.a.O., S. 58–59.

Dieses Gebet, das in dieser Form spätestens im 9. Jahrhundert n. erscheint, ist offensichtlich aus zwei verschiedenen Gebeten zusammengesetzt. Die Zeilen 1 bis 8 sind stilistisch von den Zeilen 9 bis 23 grundverschieden. In den Zeilen 1 bis 8 wird Gott nicht direkt angeredet, sondern es wird von Ihm in der dritten Person gesprochen. Auch kommt der Name „Herr" in diesen Zeilen nicht vor. Statt dessen wird der Gottesname mit „Der da sprach – und die Welt ward" umschrieben. Beides sind Kennzeichen von Gebeten, die im rabbinischen Lehrhaus entstanden sind. Vgl. Joseph Heinemann, *Prayer in the Talmud*. Berlin / New York, 1977, S. 251–275. Dagegen weist der Stil von Zeilen 9 bis 23 auf einen anderen Ursprung hin. Wahrscheinlich bestand die ursprüngliche Einleitung zu den „Versen der Lobpreisung" auch nur aus den Zeilen 9 bis 23, die tatsächlich in der Form einer regulären Benediktion *(berakhah)* gehalten sind. Es war aber kein schlechter Einfall eines frühen Liturgikers, diese Benediktion mit dem zunächst zu anderen Zwecken verfaßten Lehrhaus-Gebet zu eröffnen.

Zu Zeile 1: „Der da sprach – und die Welt ward" ist eine beliebte rabbinische Umschreibung des Gottesnamens. Sie basiert auf der Schöpfungsgeschichte im ersten Kapitel der Genesis und der rabbinischen Erklärung: „Mit zehn göttlichen Aussprüchen ist die Welt erschaffen worden." (*Mischnah Abhoth* 5:1.) Zu den rabbinischen Synonyma für den Gottesnamen, vgl. Samuel S. Cohon, „The Name of God, A Study in Rabbinic Theology" in: *Hebrew Union College Annual*, Bd. XXIII, 1. Teil (1950/51), S. 579–604.

Alles, was atmet und lebt

Alles, was atmet und lebt,
preise Deinen Namen, Herr, unser Gott:
jedes Wesen aus Körper und Geist
verherrliche, erhebe Deinen Ruhm, Du,
unser König,
immerdar.
Gott bist Du von Ewigkeit zu Ewigkeit.
Keinen König haben wir außer Dir,
keinen Erlöser und keinen Helfer,
keinen Retter und keinen Befreier,
keinen Ernährer und keinen Erbarmer
zu allen Zeiten der Not und Bedrängnis.
Ja, nur Du bist unser König.
Gott der Vorfahren und der Nachkommen
bist Du,
Gott aller Geschöpfe,
Herr aller Geschlechter,
gepriesen in der Loblieder Fülle.
In Liebe waltest Du über Deine Welt,
in Barmherzigkeit über Deine Geschöpfe.
„Der Herr schlummert nicht,
und Er schläft auch nicht."
Denn Du bist es,
der die Schlafenden erweckt
und die Schlummernden erwachen läßt,
die Stummen beredt macht,
die Fallenden stützt
und die Gebeugten aufrichtet.
In Dankbarkeit bekennen wir uns
zu Dir allein.

Wäre unser Mund des Gesanges voll
wie das Meer,

unsere Zunge des Jubels
wie das Brausen seiner Wellen,
unsere Lippen des Lobes
wie die Weiten des Himmels,
wären unsere Augen so leuchtend
wie Sonne und Mond,
unsere Hände so ausgebreitet
wie Adlerflügel am Himmel
und unsere Füße so geschwind
wie die Rehe,
wir könnten Dir dennoch nicht genügend
danken,
Herr, unser Gott und Gott unserer Väter,
und Deinen Namen preisen
für auch nur eine einzige
der Myriaden Wohltaten,
die Du erwiesen hast
uns und unseren Vätern.

Aus Ägypten hast Du uns erlöst,
Herr, unser Gott,
und aus der Sklaverei hast Du uns befreit.
In Hungersnöten hast Du uns ernährt,
in Zeiten der Fülle hast Du uns erhalten.
Vor dem Schwert hast Du uns errettet,
vor Seuche uns bewahrt,
und aus schweren und langwierigen Leiden
hast Du uns geheilt emporkommen lassen.
Bis jetzt hat uns Dein Erbarmen geholfen,
und Deine Gnade hat uns nicht verlassen.
So verwirf uns auch nie,
Herr, unser Gott,
in Ewigkeit.

Darum sollen die Glieder,

die Du uns in Paaren gegeben,
der lebendige Geist,
den Du uns eingehaucht,
und die Zunge,
die Du in unseren Mund gelegt,
ja, sie alle sollen Deinen Namen bekennen
und preisen,
loben und rühmen,
erheben und verherrlichen,
heiligen und Deine Herrschaft anerkennen,
Du, unser König.
Denn Dir danke jeder Mund,
Dir huldige jede Zunge.
Vor Dir beuge sich jedes Knie,
und alles Erhabene werfe sich nieder vor Dir.
Ein jedes Herz habe Ehrfurcht vor Dir,
jedes Innere, jede Niere lobsinge
Deinem Namen,
so wie es im Schriftwort heißt:
„All meine Gebeine sollen sagen:
Herr, wer ist wie Du!
Du entreißt den Armen dem, der stärker ist,
den Armen und Schwachen dem, der ihn
ausraubt.“ (Psalm 35, 10.)
Wer ist Dir ähnlich!
Wer ist Dir gleich!
Wer ist Dir gleichwertig!
Du großer, mächtiger, ehrfurchterregender Gott,
Du höchster Gott, Schöpfer von Himmel
und Erde!

Wir rühmen Dich
und wir preisen Dich.
Wir verherrlichen Dich

und loben Deinen heiligen Namen,
so wie es heißt:
„Ein Psalm Davids.
Lobe den Herrn, meine Seele,
und all mein Inneres Seinen heiligen Namen!“
(Psalm 103, 1.)
...

Anmerkungen

Quelle: Baer, a.a.O., S. 206–208.

Eine volkstümliche jüdische Legende des Mittelalters, die den Apostel Petrus (!) nur als Scheinchristen ansah, hielt ihn für den Verfasser dieses Gebets. Vgl. Samuel Krauss, *Das Leben Jesu nach jüdischen Quellen*. Berlin. 1902, S. 226–230. Das ist aber wissenschaftlich nicht ernst zu nehmen, denn es steht fest, einmal ganz abgesehen von den anderen Ablehnungsgründen, daß das Gebet in der hier wiedergegebenen Form aus verschiedenen Gebetsstücken zusammengesetzt ist, von denen einzelne Bruchstücke im talmudischen Schrifttum zitiert werden. So wird ein Teil dieses Gebets in b. *Berakhoth* 59b als Dankgebet für den Regen angeführt, während ein Lehrer des 3. Jahrhunderts einen anderen Teil des Gebets als Schlußeulogie für die *Hallel*-Psalmen (113–118), die bei der häuslichen Feier am Passahabend gesungen werden, zitiert. (B. *Pessaḥim* 118a.) Allerdings sind sich neuere Forscher nicht darüber einig, wo eine Komponente dieses Gebets aufhört und eine andere anfängt. Zur Diskussion über dieses Problem, vgl. E. D. Goldschmidt, *The Passover Haggadah – Its Sources and History*. (Hebr.) Jerusalem, 1960, S. 67f. und S. 107f.; *idem* (Hrsg.), *Maḥzor Lajamim Hanora-im*. (Hebr.) Bd. I, Jerusalem, 1970, Einleitung, S. 22, Anmerkung 23; Joseph Heinemann in *Tarbiz* XXX (1960/61), S. 408ff. (Hebr.); und *idem, Prayer in the Talmud*. Berlin / New York, 1977, S. 241f.

Zu Zeilen 19–20: Vgl. Psalm 121, 4.

Zu Zeile 87: Vgl. Deuteronomium 10, 17.

IV

„GEHEILIGT WERDE DEIN NAME!"

„Geheiligt werde Dein Name!" und auch „Zu uns komme Dein Reich!" – das sind beides Bitten, die Juden und Christen gemeinsam sind. Während der Christ zunächst an das Vaterunser denken wird, denkt der Jude sowohl an das *Qaddisch*- wie auch an das *Qeduschah*-Gebet. Die Namen dieser Gebete kommen beide von der Wurzel *q-d-sch* („heilig sein") und bedeuten daher soviel wie „Heiligungsgebet". Beide Gebete verkünden die Heiligkeit Gottes, und beide Gebete ersehnen das Kommen des Gottesreiches. Das *Qaddisch* ist für die Synagoge die Doxologie *par excellence* und dient liturgisch in erster Linie dazu, die verschiedenen Rubriken von einander zu trennen – wobei dann auch eine gedanklich kleinere Trennung eine kürzere Form des *Qaddisch* zur Verwendung bringt, und zum Abschluß eines ganzen Gottesdienstes eine längere Form des *Qaddisch* gesprochen wird. Die Sprache des *Qaddisch* ist aramäisch, obwohl auch hebräische Worte und Phrasen darin vorkommen. Die Anfänge des *Qaddisch* liegen in der frührabbinischen Zeit und weisen auf seinen Ursprung als Doxologie zur Verabschiedung der Gemeinde nach rabbinischen

Lehrvorträgen hin. Der liturgische Gebrauch des *Qaddisch* ist zuerst für das sechste Jahrhundert in dem Traktat *Sopherim* attestiert. (Vgl. *Sopherim* 19,12, ed. Müller, S. XXXVIII, und *Sopherim* 21,6, ed. Müller, S. XLII.) Am bekanntesten unter heutigen Juden ist aber der Gebrauch des *Qaddisch* als Gebet für die Leidtragenden, das von ihnen elf Monate nach dem Tode eines nahen Verwandten und dann jährlich bei der Wiederkehr des Sterbetages gesprochen wird. Dieser Brauch scheint aber erst im 12. und 13. Jahrhundert aufgekommen zu sein, und zwar in Deutschland – von wo aus er sich unter den Juden aller Länder verbreitete. Bemerkenswert dabei ist, daß, mit Ausnahme der *Qaddisch*-Version, die bei einer Beerdigung oder bei dem Fest für das beendete Studium eines ganzen Talmudtraktats gesprochen wird (siehe unten, Seite 77), das *Qaddisch* die Toten *nicht* erwähnt. Der ursprüngliche Gedanke hinter dem „*Qaddisch* der Leidtragenden“ scheint der gewesen zu sein, daß man, obwohl man bei einem Todesfall dem lieben Gott böse sein möchte, trotzdem resigniert den Namen des Herrn preist, so wie es in Ijob 1,21 heißt: „Der Herr hat gegeben, der Herr hat genommen; gelobt sei der Name des Herrn.“ Dabei ist es aber nicht geblieben; und im Volk wurde das „*Qaddisch* der Leidtragenden“ immer mehr als Gebet *für die Toten* (vielleicht unter christlichem Einfluß?) verstanden. Die Folge davon war, daß in den orthodoxen Gottesdienst viele Wiederholungen des „*Qaddisch* der Leidtragenden“ eingeführt wurden (je mehr, desto besser für die Toten!), und erst das liberale Judentum im 19. Jahrhundert hat diese ständigen Wiederholungen abgeschafft. Für die Quellen zur Geschichte und Entwicklung des *Qaddisch*, siehe Jakob J. Petuchowski und Michael Brocke (Hrsg.), *The Lord's Prayer and Jewish Liturgy*. London / New York, 1978, S. 59–61.

Betet die Gemeinde Israels im *Qaddisch*-Gebet, daß

Gottes Name geheiligt werde, und daß Sein Reich komme, so weiß sich diese Gemeinde im *Qeduschah*-Gebet mit den Chören der Engel einig, indem sie, wie jene, in das Trisagion von Jesaja 6, 3 einstimmt. Hier ist der Gedanke, daß das, was die Engel „oben" tun, Israel „unten" auf Erden auch tut – ein Gedanke, der auch schon früh in der christlichen Liturgie zum Ausdruck kommt. An drei Stellen wird eine *Qeduschah* in der jüdischen Liturgie gesprochen (bzw. gesungen): 1. als Bestandteil der ersten Benediktion vor dem „Höre, Israel!" in der Morgenandacht, 2. als Bestandteil der dritten Benediktion des Hauptgebets, wenn dieses, nach der stillen Gemeindeandacht, vom Vorbeter laut wiederholt wird, und 3. als Bestandteil einer Verkettung von Bibelversen und kurzen Gebeten, die am Ende des täglichen Morgengottesdienstes (und auch bei anderen Gelegenheiten) gesprochen wird. Allen Formen der *Qeduschah* sind die Responsionen aus Jesaja 6, 3 und Ezechiel 3, 12 gemeinsam. Die verschiedenen Formen variieren aber die Einleitungsformeln und die Zwischenlieder. Auch die Responsionen, bzw. die Responsion, die auf Ezechiel 3, 12 folgen, sind verschieden. Die am meisten ausgearbeitete Form der *Qeduschah* ist die des Hauptgebets im sog. „zusätzlichen" *(Mussaph)* Gottesdienst am Sabbat- und Festtagsmorgen. Diese geben wir hier wieder. Der Zeitpunkt, an dem die Einführung der *Qeduschah* in die jüdische Liturgie anzusetzen ist, ist noch umstritten. Klar ist jedenfalls, daß sie aus den Kreisen der Mystiker stammt, daß sie in Babylonien täglich, in Palästina aber zunächst nur an Sabbaten und Festtagen gesagt wurde, und daß die *Qeduschah* als Bestandteil des Hauptgebets spätestens bis zum fünften Jahrhundert n. eingeführt wurde und eine andere Form in Palästina schon im zweiten Jahrhundert n. bekannt war. Vgl. Joseph Heinemann und Jakob J. Petuchowski, *Literature of the Synagogue*. New York, 1975, S. 75–78.

Qaddisch

Erhoben und geheiligt
werde Sein großer Name
in der Welt,
die Er nach Seinem Willen erschaffen.
Er lasse Sein Reich kommen
in eurem Leben und in euren Tagen
und in dem Leben des ganzen Hauses Israel,
bald und in naher Zeit.
Darauf sprecht Amen.

Sein großer Name sei gepriesen
in Ewigkeit und Ewigkeit der Ewigkeiten!

Gepriesen und gelobt,
verherrlicht und erhoben,
erhöht und gefeiert,
hocherhoben und bejubelt
werde der Name des Heiligen, gelobt sei Er,
obwohl er erhoben ist
über allen Preis und Gesang,
Lob und Lied,
Huldigung und Trost,
die in der Welt gesprochen werden.
Darauf sprecht Amen.

Des Friedens Fülle und Leben
möge vom Himmel herab
uns und ganz Israel zuteil werden.
Darauf sprecht Amen.
Der Frieden stiftet in Seinen Höhen,
gebe auch uns Frieden
und ganz Israel.
Darauf sprecht Amen.

Anmerkungen

Quelle: Baer, a.a.O., S. 129–130.

Die hier wiedergegebene Form des *Qaddisch* ist die des sog. „*Qaddisch* der Leidtragenden". Das „Halb-*Qaddisch*", das aufeinanderfolgende Rubriken voneinander trennt, hört mit Zeile 22 auf. Das *Qaddisch* als Abschlußgebet fügt zwischen den Zeilen 22 und 23 noch die Bitte ein, daß Gott die Gebete Israels mit Wohlgefallen annehmen möge. Eine wieder andere Form des *Qaddisch*, die dann gesprochen wird, wenn man in der Synagoge rabbinische Literatur studiert hat, fügt zwischen den Zeilen 22 und 23 noch eine Bitte um das geistige und materielle Wohlergehen der Gelehrten und ihrer Schüler ein. Über die Form des *Qaddisch*, die bei der Beerdigung gesprochen wird, siehe unten, Seite 77–78.

Zu Zeilen 10–11: Diese Responsion der Gemeinde, eine aramäische Paraphrase von Bibelversen wie Psalm 113, 2 und Daniel 2, 20, ist das Kernstück des *Qaddisch*. Tatsächlich wird in den frührabbinischen Quellen das *Qaddisch* unter dem Namen dieser Responsion, und nicht als *Qaddisch* erwähnt.

Zu Zeile 24: „Himmel" ist in der rabbinischen Literatur ein Synonym für Gott, quasi eine Abkürzung für „Gott des Himmels". Daher bedeutet auch „Himmelreich" im NT und in der rabbinischen Literatur „Gottesreich".

„Heilig, heilig, heilig!"

Vorbeter:

Rühmen wollen wir Dich,
und Deine Heiligkeit wollen wir verkünden
nach dem mysteriösen Sang der heiligen
Seraphim,
die da in Heiligkeit Deinen Namen heiligen,

wie es durch Deinen Propheten
geschrieben steht:
„Einer rief dem anderen zu und sprach:

Gemeinde:

Heilig, heilig, heilig
ist der Herr der Heerscharen.
Voll ist die ganze Erde mit Seiner Heiligkeit.“
(Jesaja 6, 3.)

Vorbeter:

Seiner Herrlichkeit voll ist das All.
Seine Diener fragen einer den anderen:
„Wo ist der Ort Seiner Herrlichkeit?“
Die ihnen gegenüber Stehenden antworten:
„Gelobt!“

Gemeinde:

„Gelobt sei die Herrlichkeit des Herrn
von Seinem Ort.“ (Ezechiel 3, 12.)

Vorbeter:

Von Seinem Ort aus
wende Er sich in Erbarmen
und begnadige das Volk,
das Seine Einzigkeit bekennt,
des abends und morgens,
zweimal an jeglichem Tag
beständig und liebevoll
das „Höre, Israel!“ spricht:

Gemeinde:

„Höre, Israel, der Herr ist unser Gott,
der Herr ist einzig!“ (Deuteronomium 6, 5.)

Vorbeter:

Einzig ist unser Gott.
Er ist unser Vater.
Er ist unser König.
Er ist unser Erretter.
Ein zweites Mal noch
wird Er uns in Seinem Erbarmen
vernehmen lassen,
sichtbar vor allen Lebenden:
„Um für euch Gott zu sein.

Gemeinde:

Ich, der Herr, bin euer Gott." (Numeri 15, 41.)

Vorbeter:

Und so steht es in Deinen heiligen Worten geschrieben:

Gemeinde:

„Der Herr wird regieren in alle Ewigkeit,
dein Gott, Zion,
von Geschlecht zu Geschlecht. Halleluja!" (Psalm 146, 10.)

Vorbeter:

Von Geschlecht zu Geschlecht künden wir Deine Größe,
und durch alle Ewigkeiten rühmen wir Deine Heiligkeit.
Dein Preis, unser Gott,
soll nicht aus unserem Munde weichen
in Zeit und Ewigkeit;
denn Du, Gott,
bist ein großer und heiliger König.

Gelobt seist Du, Herr,
der heilige Gott.

Anmerkungen

Quelle: Baer, a.a.O., S. 236–237.

Zu Zeile 3: Rudolf Otto hat in seinem Buch „Das Heilige" (1917) auf die Funktion und Eignung der Zischlaute, das Numinöse auszudrücken, hingewiesen. Als Paradebeispiel dafür könnte diese Zeile dienen. Sie lautet im hebräischen Original: *kessod ssi-aḥ ssarephé qodesch.*

Zu Zeile 9: Das entspricht der üblichen Übersetzung dieses Verses. Genau genommen müßte aber der hebräische Originaltext übersetzt werden: „Die Fülle der ganzen Erde ist Seine Herrlichkeit."

Zu Zeilen 11–12: Gott ist so erhaben, daß selbst die Engel Seinen Ort nicht genau feststellen können.

Zu Zeilen 14–15: Moderne Bibelübersetzungen übersetzen hier: „Als sich die Herrlichkeit des Herrn von ihrem Ort erhob." Diese Übersetzung gibt dem Satz als Ganzem und in seinem Zusammenhang in Ezechiel 3,12 einen besseren Sinn. Diese modernen Übersetzungen nehmen eine nur geringe Emendation des Originaltextes vor. Sie emendieren *b-r-w-kh* zu *b-r-w-m* und übersetzen demgemäß. Den Schöpfern der jüdischen Liturgie lag aber kein emendierter Text vor. Sie lasen *b-r-w-kh* und verstanden: „Gelobt sei die Herrlichkeit des Herrn von Seinem Ort" – etwa in dem Sinn von: „Gelobt sei die Herrlichkeit des Herrn, wo auch immer Sein Ort sein mag."

Zu Zeilen 29–34: Das *erste* Mal, daß Er uns vernehmen ließ: „Um für euch Gott zu sein. Ich, der Herr, bin euer Gott", war beim Auszug aus Ägypten. So fängt auch der hier nur teilweise zitierte Vers (Numeri 15,41) an: „Ich bin der Herr, euer Gott, der euch aus Ägypten herausgeführt hat." Wenn Er uns das ein *zweites* Mal vernehmen läßt, wird es sich um die messianische Erlösung handeln. Numeri 15,41 ist auch der letzte Vers der dritten Perikope des „Höre, Israel!" – so wie Zeile 24 der erste Vers der ersten Perikope ist. Das hat zu allerlei Vermutungen geführt, etwa: daß es einmal eine Zeit gegeben hat, in der eine judenfeindliche Regierung den Juden das Sprechen des „Höre, Israel!" beim frühen Morgengottesdienst untersagte, und daß die Juden daher das „Höre, Israel!" in die *Qeduschah* eines späteren Gottesdienstes einfügten, als die Spione der Regierung das Gotteshaus schon verlassen hatten. Nach dem Ende der Verfolgung beließ man den ersten und den letzten Vers des „Höre, Israel!" in der *Qeduschah* – als Andenken an jene schwere Zeit. Beweisen läßt sich das allerdings nicht.

V
SCHÖPFUNG

Wir haben die Thematik „Schöpfung – Offenbarung – Erlösung“ bereits in der täglichen Morgenandacht (siehe oben, Seite 16–23) und in den Sabbatgebeten (siehe oben, Seite 37–42) angetroffen. Sie geht an sich schon auf den biblischen Psalm 19 zurück, in dem die Verse 2–7 eine Schöpfungshymne, die Verse 8–14 eine Hymne auf die Torah, d. h. die göttliche Offenbarung, und Vers 15 eine Anrufung Gottes als Erlöser sind. Auch sonst kommen Schöpfung, Offenbarung und Erlösung im jüdischen Gebet häufig zum Ausdruck, wie aus diesem und den beiden folgenden Kapiteln ersichtlich ist.

Die hebräische Bibel beginnt mit der Schöpfungserzählung. In einer Welt, in der Sonne, Mond und Sterne, Berge, Flüsse, Bäume und Meere vergöttert wurden, legten die Israeliten ihren Protest gegen diese Vergötterung ein. Nur Gott ist göttlich. Was es außer dem Einen Gott noch gibt, das sind Seine Geschöpfe, keine Gottheiten. Der moderne amerikanische Theologe Harvey Cox sprach daher ganz folgerichtig von der biblischen „Entsakralisierung der Natur“, einem Prozeß, dem es noch heutzutage zu verdanken ist, daß man die Natur rein wissenschaftlich als Natur, und nicht als Theologie studiert. Immerhin weist die Natur für die Juden, trotz ihrer Entsakralisierung, auf ihren göttlichen Schöpfer hin. Das regelmäßige Aufeinanderfolgen von Tag und Nacht gibt Anlaß zum täglichen Morgen- und Abendgebet. Der Wechsel der Jahreszeiten wird in religiösen Festtagen gefeiert. Und für das, was die Natur dem Menschen an Vergnügen bietet, wird dem Schöpfer der Natur gedankt.

Der die Abende dunkeln läßt

Gelobt seist Du,
Herr, unser Gott,
Weltenherrscher,
der durch Sein Wort die Abende dunkeln läßt,
mit Weisheit die Himmelspforten öffnet,
der die Zeiten verändert
und die Stunden wandelt.
Er ordnet die Sterne nach Seinem Willen
in ihren Bahnen am Firmament.
Er hat Tag und Nacht erschaffen:
das Licht läßt Er vor der Finsternis weichen
und die Finsternis vor dem Licht.
Er entrückt den Tag
und führt die Nacht herauf
und scheidet zwischen Tag und Nacht.
Herr der Heerscharen ist Sein Name.
Möge der lebendige und ewige Gott
stets über uns herrschen
in Zeit und Ewigkeit.
Gelobt seist Du, Herr,
der die Abende dunkeln läßt.

Anmerkungen

Quelle: Baer, a.a.O., S. 164.

Spricht die erste Benediktion vor dem „Höre, Israel!" der Morgenandacht von dem Gott, „der in Barmherzigkeit das Licht leuchten läßt für die Erde und für ihre Bewohner" (siehe Oben, Seite 17), so spricht die erste Benediktion vor dem „Höre, Israel!" der Abendandacht von dem Gott, „der durch Sein Wort die Abende dunkeln läßt". Richtet sich aber die Benediktion des Morgengebets gegen jeden erdenklichen göttlichen Dualismus, indem sie Gott nicht nur als „Bildner des Lichts", sondern auch als „Schöpfer der Finsternis" apostrophiert, so heißt es auch im Abendgebet nicht nur, daß Gott das Licht vor der Finsternis weichen läßt, sondern auch, daß Er es ist, der die Finsternis vor dem Licht weichen läßt. Vgl. b. *Berakhoth* 11b.

Der die Monate erneut

Gelobt seist Du, Herr, unser Gott, Weltenherrscher,
der durch Sein Wort die Himmel erschuf
und durch den Hauch Seines Mundes all ihre Schar.
Gesetz und Zeitraum hat Er ihnen zugeteilt,
auf daß sie ihre Aufgabe nicht verändern.
Froh und freudig erfüllen sie den Willen ihres Schöpfers,
der in Wahrhaftigkeit wirkt
und dessen Werk die Wahrheit ist.
Dem Monde aber befahl Er,
daß er sich ständig erneuere
als herrliche Krone derer, die Er von ihrer Zeugung an getragen.

Auch sie werden sich einst wie der Mond erneuern,
ihren Schöpfer zu verherrlichen
wegen des Namens der Herrlichkeit Seines Reiches.
Gelobt seist Du, Herr,
der die Monate erneut.

Anmerkungen

Quelle: Baer, a.a.O., S. 337.

Der Mond spielt in der jüdischen Kalenderberechnung eine große Rolle. Der Neumondstag wird im Gottesdienst feierlich und mit dem Singen von den Psalmen 113 bis 118 begangen. Bis zum wirklichen Sichtbarwerden des zunehmenden Monds dauert es immer noch ein paar Tage. Wenn man innerhalb der Zeit zwischen dem dritten bis zum fünfzehnten Tag nach dem Neumond an einem klaren Abend den zunehmenden Mond richtig sieht, spricht man diesen Segensspruch im Freien. Gewöhnlich wartet man damit, bis man an einem Sabbatausgang festlich gekleidet aus der Synagoge kommt.

Zu Zeile 11: „Die Er von ihrer Zeugung an getragen" – eine poetische Beschreibung Israels. Vgl. Jesaja 46, 3.

Zu Zeile 12: Die Rabbinen sahen in der ständigen Erneuerungsfähigkeit des Monds ein Symbol für die menschliche Erneuerungsfähigkeit, d. h. für die Fähigkeiten der Menschen, ihren Lebenswandel zu bessern.

Körper und Seele

Gelobt seist Du,
Herr, unser Gott,
Weltenherrscher,
der den Menschen in Weisheit geformt
und ihn mit verschiedenen Öffnungen und Hohlräumen erschaffen hat.
Offenbar und bekannt
ist es vor Deinem herrlichen Thron,
daß, wenn eine von ihnen offen
oder eine von ihnen verschlossen bliebe,
es dem Menschen nicht möglich wäre,
vor Dir zu bestehen
und vor Dich hinzutreten.
Gelobt seist Du, Herr,
der alles Fleisch heilt
und wunderbar wirkt.

Mein Gott!
Die Seele, die Du mir gegeben hast, ist rein.
Du hast sie erschaffen,
Du hast sie gebildet,
Du hast sie mir eingehaucht,
Du behütest sie in mir,
und Du wirst sie einst von mir nehmen
und sie mir in der zukünftigen Welt wiedergeben.
So lange die Seele in mir ist,
bekenne ich mich in Dankbarkeit zu Dir,
Herr, mein Gott und Gott meiner Väter,
Meister aller Werke,
Herr aller Seelen.
Gelobt seist Du, Herr,
der den toten Leibern die Seelen zurückgibt.

Anmerkungen

Quelle: Baer, a.a.O., S. 36–40.

Der Mensch besteht aus Körper und Seele. Nach biblischer Lehre ist der Körper genauso Schöpfung Gottes wie die Seele. (Vgl. Genesis 2,7.) Daher wird dem Körperlichen kein geringerer Wert zuerkannt als der Seele. Die beiden hier wiedergegebenen Segenssprüche gehören deshalb zusammen, und, obwohl sie in verschiedenen Riten durch ein Gebet über die Offenbarung unterbrochen werden, verlangt der (südwestdeutsche) aschkenasische Ritus, daß man sie aufeinanderfolgend spricht. Hier wird also Gott zuerst gelobt, daß Er den Körper in so wunderbarer Weise geschaffen hat, und erst dann für die Seele, die Er uns eingehaucht hat.

Zu Zeilen 1–15: Dieses Gebet für die frühe Morgenandacht wird außerdem von frommen Juden jedesmal gesprochen, nachdem sie den Abort aufgesucht haben. Es ist in ganz unverblümter Weise ein Dankgebet dafür, daß die Verdauungsorgane funktionieren.

Zu Zeilen 16–30: Obwohl in diesem Segensspruch von der Unsterblichkeit der Seele die Rede ist, enthält die letzte Zeile dennoch keinen Hinweis auf das Eschatologische. Nach der ursprünglichen Vorschrift des Talmuds (b. *Berakhoth* 60b) sollte dieser Segensspruch sofort nach dem Aufwachen am Morgen gesprochen werden. Die „toten Leiber" sind also die schlafenden Körper, die ihre Seele (d. h. ihr Bewußtsein) erst beim Aufwachen zurückerhalten. Vgl. Jakob J. Petuchowski, „Modern Misunderstandings of an Ancient Benediction" in: Jakob J. Petuchowski und Ezra Fleischer (Hrsg.), *Studies in Aggadah, Targum and Jewish Liturgy in Memory of Joseph Heinemann*. Jerusalem, 1981, S. 45–54.

Segenssprüche in der Natur

Beim ersten Anblick blühender Bäume im Frühling:

Gelobt seist Du,
Herr, unser Gott, Weltenherrscher,
der nichts hat fehlen lassen in Seiner Welt
und der in ihr erschaffen hat
gute Geschöpfe und gute Bäume,
um damit die Menschen zu erfreuen.

Beim Anblick von Blitzen, Kometen, hoher Berge und großer Wüsten:

Gelobt seist Du,
Herr, unser Gott, Weltenherrscher,
der das Werk der Schöpfung vollbracht hat.

Bei Donner, Erdbeben oder Sturm:

Gelobt seist Du,
Herr, unser Gott, Weltenherrscher,
dessen Kraft und Allmacht
die Welt erfüllt.

Beim Anblick eines Regenbogens:

Gelobt seist Du,
Herr, unser Gott, Weltenherrscher,
der des Bundes gedenkt,
treu Seinen Bund hält
und Sein Wort erfüllt.

Beim Anblick schöner Bäume und hübscher Geschöpfe:

Gelobt seist Du,
Herr, unser Gott, Weltenherrscher,
der dergleichen in Seiner Welt besitzt.

Anmerkungen

Quelle: Baer, a.a.O., S. 568–570.

Zu Zeilen 14–18: Vgl. Genesis 9, 12–17.

Zu Zeilen 19–21: Von Rabbi Simeon ben Gamaliel I (1. Jahrhundert n.) wird berichtet, daß er eines Tages am Aufstieg zum Tempelberg saß und eine bildhübsche heidnische Frau sah. Da rief er aus: „Wie groß sind Deine Werke, Herr!" (B. *'Abhodah Zahrah* 20a.) Das war zwar keine Benediktion *(berakhah)* im liturgisch-technischen Sinn: aber der Geist, der die hier wiedergegebene Benediktion schuf, fand dennoch in Rabbi Simeons Anwendung von Psalm 92, 6 seinen Ausdruck.

VI
OFFENBARUNG

Torah ist der Begriff, der der jüdischen Religion ihre Eigentümlichkeit verleiht. Kein einziges deutsches Wort kann die Fülle der Bedeutungen treffen, die das eine hebräische Wort *Torah* enthält. *Torah* bedeutet Gesetz, und es bedeutet Lehre. Es bedeutet die Erziehung, die Eltern ihren Kindern zuteil werden lassen, und es bedeutet die Offenbarung, mit der Gott selbst Seine Kinder begnadet. *Torah* kann soviel wie Pentateuch bedeuten, oder auch die Bibel als Ganzes. Auch die Lehren der rabbinischen Meister, ihre Auslegungen der Heiligen Schrift und auch ihre Lebensweise, ihr Brauchtum, die Gleichnisse, die sie erzählen, und das Wissen, das sie erlangen und weitergeben – all das ist *Torah*. Selbst wenn man um das Menschliche, das seinen Beitrag zur Entwicklung von *Torah* geleistet hat, weiß, so bleibt doch *Torah* letzten Endes Selbstoffenbarung Gottes; und die Geschichte, die die Bibel, etwa im 19. Kapitel des Buches Exodus, über die Offenbarung am Berge Sinai erzählt, bleibt durch die Generationen hindurch die Konkretisierung des Offenbarungsbegriffs, das Symbol der göttlichen Mitteilung an die Menschheit. Aber schon in dieser Erzählung erfahren wir etwas von der Paradoxie des Offenbarungsbegriffs, von dem Ineinander des Göttlichen und des Menschlichen. „Moses stieg zu Gott hinauf", heißt es in Exodus 19, 3, und in Exodus 19, 20: „Der Herr war auf den Sinai … herabgestiegen." Der Mensch steigt hinauf, und Gott steigt herab. Wenn sie zusammentreffen, geschieht Offenbarung, wird *Torah* erzeugt. Ein früher Synagogendichter, es mag der im dritten Jahrhundert in Babylonien lehrende Abba Arikha, Rabh genannt, gewesen sein, scheint geahnt zu haben, daß sich das, was in der Offenbarung geschieht, nur poetisch, und auch dann nur als Paradoxie, schildern läßt. Er prägte daher das Oxymoron von der „undurchsichtigen Lauterkeit", das wir als Überschrift zu dem ersten Gebet in diesem Kapitel gewählt haben.

In undurchsichtiger Lauterkeit

Du hast Dich in Deiner Wolkenpracht
  Deinem Volk offenbart,
um mit ihnen zu reden.
Vom Himmel her hast Du ihnen
  Deine Stimme ertönen lassen,
und Du bist ihnen in undurchsichtiger
  Lauterkeit erschienen.
Da erzitterte das ganze Weltall vor Dir,
und alle Geschöpfe des Weltenanfangs
  bebten vor Dir,
als Du, unser König, Dich auf dem Berge Sinai
  offenbartest,
um Dein Volk Torah und Gebote zu lehren.
Deiner Stimme Majestät ließest Du sie
  vernehmen

und Deine heiligen Worte aus flammender Glut.
Unter Donner und Blitzen bist Du ihnen
erschienen.
unter Hörnerschall erstrahltest Du ihnen.
So steht es auch in Deiner Torah geschrieben:
„Am dritten Tag, im Morgengrauen,
begann es zu donnern
und zu blitzen.
Schwere Wolken lagen über dem Berg,
und gewaltiger Hörnerschall erklang.
Das ganze Volk im Lager begann zu zittern.“
(Exodus 19, 16.)
Und es heißt:
„Der Hörnerschall wurde immer lauter.
Moses redete,
und Gott antwortete ihm
mit lauter Stimme.“ (Exodus 19, 19.)
Und es heißt:
„Das ganze Volk erlebte,
wie es donnerte und blitzte,
wie Hörner erklangen und der Berg rauchte.
Da bekam das Volk Angst,
es zitterte und hielt
sich in der Ferne.“ (Exodus 20, 18.)

Anmerkungen

Quelle: Baer, a.a.O., S. 403.

Die Synagoge feiert die Offenbarung der *Torah* am Wochenfest, das sieben Wochen nach dem Passahfest kommt – gemäß einer Tradition, daß die sinaitische Offenbarung sieben Wochen nach dem Auszug aus Ägypten stattfand. Aber Gebete, die sich auf die Offenbarung beziehen, sind nicht auf das Wochenfest beschränkt. In keinem einzigen jüdischen Gottesdienst fehlt der Hinweis auf die *Torah*, die Gott in Liebe gegeben hat. Das hier übersetzte Gebet ist auch kein Bestandteil der Liturgie am Wochenfest, sondern es ist ein Teil der Liturgie des Neujahrsfestes. Während des Gottesdienstes am Neujahrsfest wird wiederholt das Widderhorn geblasen. (Vgl. Levitikus 23, 24.) Die damit verbundenen Gebete verarbeiten die Bibelstellen, in denen das Widderhorn erwähnt wird, darunter auch die Erzählung über die sinaitische Offenbarung.

Zu Zeile 4: Der Dichter verbindet hier zwei Worte, von denen das eine, *'araphel,* die Bedeutung von „dunkle Wolke" (Exodus 20, 21) oder tiefe Finsternis" (Jesaja 60, 2) hat, und das andere, *tohar,* so viel wie „Reinheit", „Lauterkeit" und „Klarheit" bedeutet. Offenbarung ist eben beides.

Geber der Torah

Gelobt seist Du, Herr, unser Gott,
  Weltenherrscher,
der uns durch Seine Gebote geheiligt hat
und uns befohlen hat,
daß wir uns mit den Worten der Torah
  beschäftigen.

So laß denn, Herr, unser Gott,
die Worte Deiner Torah lieblich sein
in unserem Munde
und in dem Munde Deines ganzen Volkes,
des Hauses Israel.
Mögen wir und unsere Nachkommen
und die Nachkommen DeinesVolkes,
  des Hauses Israel,
ja, mögen wir alle Deinen Namen erkennen
und Deine Torah in reiner Absicht lernen.
Gelobt seist Du, Herr,
der Sein Volk Israel die Torah lehrt.

Gelobt seist Du, Herr, unser Gott,
Weltenherrscher,
der uns erwählt hat aus allen Völkern
und uns Seine Torah gegeben hat.
Gelobt seist Du, Herr,
Geber der Torah.
Gelobt seist Du, Herr, unser Gott,
Weltenherrscher,
der uns die Torah der Wahrheit gegeben hat
und in uns das ewige Leben gepflanzt hat.
Gelobt seist Du, Herr,
Geber der Torah.

Anmerkungen

Quelle: Baer, a.a.O., S. 37–38, 123.

Bevor der eigentliche Gebetsgottesdienst am Morgen beginnt, soll der Jude erst einmal etwas *Torah* lernen, und das Gebetbuch bietet ihm zu diesem Zweck eine kurze Auswahl aus dem biblischen und dem rabbinischen Schrifttum. Da aber das Torahstudium als religiöses Gebot gilt, wird vor der Erfüllung dieses Gebots, wie vor der Erfüllung anderer Gebote, ein Segensspruch *(berakhah)* gesprochen. Der Talmud (b. *Berakhoth* 11b) befaßt sich mit der Frage, welcher Segensspruch denn hier angebracht wäre. Es wird zunächst vorgeschlagen, daß der Text, den wir in den Zeilen 1 bis 4 bringen, gesagt werde. Ein anderer Rabbi läßt das gelten, meint aber, daß der hier in Zeilen 5 bis 15 wiedergegebene Text hinzugefügt werden sollte. Ein dritter Rabbi wiederum schlägt den Text der Zeilen 16 bis 20 vor. Man einigte sich dann darauf, alle drei Texte einzuführen!

Zu Zeilen 16–20: Das ist auch der Segensspruch, der vor dem Vorlesen der Perikope aus der Pentateuchrolle gesprochen wird.

Zu Zeilen 21–25: Das ist der Segensspruch, der nach der Vorlesung der Perikope aus der Pentateuchrolle gesprochen wird.

Die Jünger der Weisen vermehren den Frieden

Es sprach Rabbi Ele'asar im Namen des Rabbi Chanina:
Die Jünger der Weisen vermehren den Frieden in der Welt.
Denn es heißt:
„Alle deine Söhne werden Jünger des Herrn sein,
und groß ist der Friede deiner Söhne.“ (Jesaja 54, 13.)
Lies hier nicht: *banajikh* (deine Söhne), sondern: *bonajikh* ((deine Bauleute).

„Viel Frieden haben alle, die Deine Torah lieben,
und sie trifft kein Anstoß.“ (Psalm 119, 165.)
„Friede wohne in deinen Mauern,
in deinen Häusern Geborgenheit.
Wegen meiner Brüder und Freunde
will ich sagen: In dir sei Friede.
Wegen des Hauses des Herrn, unseres Gottes,
will ich dir Glück erflehen.“ (Psalm 122, 7–9.)
„Der Herr gebe Kraft Seinem Volk,
Der Herr segne Sein Volk mit Frieden.“ (Psalm 29, 11.)

Anmerkungen

Quelle: Baer, a.a.O., S. 195.

Unter den ausgewählten Stücken der rabbinischen Literatur,

die, teils zum Studium und teils zur Erbauung, in die Liturgie aufgenommen wurden, befindet sich auch das hier wiedergegebene Ende des Traktats *Berakhoth* („Segenssprüche“) im babylonischen Talmud. Der Gedanke, der hier ausgedrückt wird, ist, daß das Studium der *Torah* zum Frieden in der Welt beiträgt und daß die Jünger der Weisen nicht nur Israels Söhne, sondern auch seine Bauleute für die Zukunft sind.

Zu Zeilen 4–5: Die alten Rabbinen liebten das Wortspiel und wandten es auch in ihrer Bibelexegese an – ohne dabei ernstlich an eine Emendation des biblischen Textes zu denken. Es war eine *zusätzliche* Ebene der Sinngewinnung aus der Heiligen Schrift, die natürlich den einfachen Sinn des Schriftworts nicht in Frage stellte. Die Worte *banajikh* (deine Söhne) und *bonajikh* (deine Bauleute) sind sich übrigens so ähnlich, daß in der in manchen Gegenden Deutschlands (etwa Bayern, Pfalz) üblichen Aussprache des Hebräischen *beide* Worte *„ponajikh“* ausgesprochen werden.

Seine Lehre ist Wahrheit

Gelobt sei der Name des Weltenherrn!
Ja, gelobt sei Deine Krone und Deine Wohnstätte!

Möge Dein Wohlgefallen immer auf Deinem Volke Israel ruhen,
und zeige Deinem Volk das Heil Deiner Rechten in Deinem Tempel.
Laß uns an der Güte Deines Lichtes teilhaftig werden,
und nimm unsere Gebete in Erbarmen an.

Möge es Dein Wille sein,
daß Du uns ein gutes, langes Leben schenkst.
Möge ich unter den Gerechten gezählt werden.
Mögest Du Dich meiner erbarmen

und mich und die Meinen und Dein Volk Israel beschützen.

Du ernährst und erhältst das All.
Du regierst das All.
Du regierst die Könige,
und Dein ist das Reich.

Ich bin ein Diener des Heiligen, gelobt sei Er.
Vor Ihm und vor Seiner herrlichen Lehre verbeuge ich mich zu jeder Zeit.
Nicht auf einen sterblichen Menschen setze ich mein Vertrauen,
und auf einen Engel verlasse ich mich nicht,
sondern nur auf den Gott des Himmels.
Denn Er ist Gott in Wahrheit,
und Seine Lehre ist Wahrheit,
und Seine Propheten sind Wahrheit,
und Er selbst erweist immer wieder Güte und Wahrheit.
Auf Ihn setze ich mein Vertrauen,
und Seinem heiligen und herrlichen Namen singe ich Preisungen.

Möge es Dein Wille sein,
daß Du mein Herz Deiner Lehre öffnest,
und daß Du die Wünsche meines Herzens
und des Herzens Deines ganzen Volkes Israel erfüllst,
zum Guten, zum Leben und zum Frieden. Amen.

Anmerkungen

Quelle: Baer, a.a.O., S. 122.

Diese Betrachtung, aus Lobpreisung, Glaubensbekenntnis und Bittgebet zusammengesetzt und in aramäischer Sprache verfaßt, stammt aus dem „Sohar", dem Hauptwerk der mittelalterlichen jüdischen Mystik, das einem palästinensischen Rabbi des 2. Jahrhunderts n. zugeschrieben wird, in Wirklichkeit aber erst im 13. Jahrhundert von Moses de Leon in Spanien veröffentlicht wurde. Es wird im „Sohar" (*Wajjaqhel*, p. 206a) mit folgenden Worten eingeleitet: „Wenn man beim Gemeindegottesdienst die Torah aus dem Torahschrein entfernt, um aus ihr zu lesen, dann öffnen sich die himmlischen Pforten des Erbarmens und erwecken die Liebe bei dem Höchsten. Dann soll der Mensch folgendes sagen." Es war aber erst unter dem Einfluß der lurianischen Mystik, die sich seit dem 16. Jahrhundert von Palästina aus nach Europa verbreitete, daß diese Stelle des „Sohars" in die Liturgie aufgenommen wurde; und auch selbst dann nicht überall. Sie fand im polnischen Ritus weit größere Aufnahme als im deutschen. Es wird in dieser „Sohar"-Stelle klar, was die Anliegen eines nach der *Torah* lebenden Juden, und was die Werte sind, nach denen er sein Leben zu gestalten sucht.

Zu Zeile 5: In der jüdischen Mystik, wie ja auch in anderen mystischen Systemen, spielt die Lichtsymbolik eine große Rolle. Auch der Name des Buches „Sohar" bedeutet „Glanz".

VII
Erlösung

Neben dem Bekenntnis zum Schöpfungs- und Offenbarungsglauben hat das Judentum, wie wir schon wiederholt gesehen haben, das Bekenntnis zum Erlösungsglauben. Es gibt keinen jüdischen Gottesdienst, in dem dieser Glaube an Erlösung nicht ausgedrückt ist. Erlösung bedeutet im Judentum vielerlei. Es meint zunächst einmal die Befreiung von politischer Unterdrückung, so daß die „letzte (messianische) Erlösung" eine Parallele zu der „ersten Erlösung", nämlich der aus ägyptischer Knechtschaft, bildet. Damit war im traditionellen Judentum die Hoffnung auf den Wiederaufbau Jerusalems und auf die Wiedereinsetzung der davidischen Dynastie verbunden. Aber bei allen auf das eigene Volk bezogenen Hoffnungen war man sich dennoch des prophetischen Erbes genügend bewußt, um die Erlösung nicht nur als etwas anzusehen, das allein das eigene Volk angeht. Erlösung bedeutet für das Judentum nichts weniger als die Erlösung der ganzen Welt, als die Zeit, in der es keine Kriege mehr gibt, wenn Gerechtigkeit und Liebe das Verhältnis der Menschen zueinander regeln. Kurz gesagt: Mit der erhofften Erlösung kommt auch die Aufrichtung des Gottesreiches auf Erden und die vereinte Menschheit, die sich zu dem Einen Gott bekennt.

Die Welt, die erneuert werden wird

Erhoben und geheiligt
werde Sein großer Name
in der Welt,
die erneuert werden wird,
wenn Er die Toten wiederbelebt
und sie zum ewigen Leben führt,
und wenn Er die Stadt Jerusalem wiedererbaut,
den Tempel in ihr aufrichtet,
den Götzendienst aus der Erde entwurzelt
und den wahren Gottesdienst an seine Stelle
wieder einsetzt,
und wenn der Heilige, gelobt sei Er,
Sein Reich und Seine Herrlichkeit kommen läßt.
Möge das in eurem Leben und in euren Tagen sein
und in dem Leben des ganzen Hauses Israel,
bald und in naher Zeit.
Darauf sprecht Amen.
...

Anmerkungen

Quelle: Baer, a.a.O., S. 588.

Dies ist eine Form des *Qaddisch* (siehe oben, Seite 50–54, und zwar die Form, die bei nur zwei Gelegenheiten gebetet wird, bei der Beerdigung und bei dem Fest, das gefeiert wird, wenn man das Studium eines kompletten Traktats des Talmuds beendet hat. Letzteres beweist, daß es sich trotz der Erwähnung der Auferstehung, die eine Verwendung dieses Gebets bei einer Beerdigung nahelegt, hier keinesfalls um ein „trauriges" Gebet handelt. Im Gegenteil, die einzelnen Bestandteile der pharisäisch-rabbinischen Eschatologie werden hier freudig ausgemalt.

Zu Zeile 17: Das Gebet fährt fort mit den Worten, die wir oben, auf Seite 53 von der 10. Zeile an wiedergegeben haben.

Daß sie alle ein Bund werden

Und so laß denn,
Herr, unser Gott,
ein Erschauern vor Dir
über all Deine Werke kommen
und ein ehrfürchtiges Bangen vor Dir
über alles, was Du erschaffen hast,
daß Dich alle Geschöpfe fürchten
und alle Wesen sich vor Dir beugen,
und sie alle ein Bund werden,
Deinen Willen zu tun
mit ungeteiltem Herzen.
Denn wir wissen ja,
Herr, unser Gott,
daß Dir die Herrschaft gehört,
die Macht in Deiner Hand ist
und die Kraft in Deiner Rechten,
und daß Dein Name erhaben ist
über alles, was Du erschaffen hast.

Und so laß,
Herr, unser Gott,
Anerkennung Deinem Volke werden,
Ruhm Deinen Frommen,
Zuversicht denen, die Dich suchen,
freies Wort denen, die auf Dich harren,
Freude Deinem Lande,
Wonne Deiner Stadt,
Wachsen an Kraft Deinem Diener David
und strahlendes Licht dem Sohne Jischais,
Deinem Gesalbten,
bald in unseren Tagen.

Und so mögen die Gerechten es sehen
und sich freuen,
die Redlichen jauchzen
und die Frommen in Jubel ausbrechen,
wenn das Laster verstummt
und die Bosheit ganz wie Rauch verweht
und Du die Herrschaft des Frevels
von der Erde schwinden läßt.

Dann wirst Du allein regieren,
Herr, unser Gott,
über all Deine Geschöpfe
auf dem Berge Zion, dem Heiligtum
Deiner Majestät,
und in Jerusalem, Deiner heiligen Stadt,
wie es in Deinen heiligen Worten
geschrieben steht:
„Der Herr wird regieren in alle Ewigkeit,
dein Gott, Zion,
von Geschlecht zu Geschlecht. Halleluja!“
(Psalm 146, 10.)

Anmerkungen

Quelle: Baer, a.a.O., S. 384–386.

Dieser Text wird am Neujahrsfest und am Versöhnungstag in der dritten Benediktion des Hauptgebets, die die Heiligkeit Gottes rühmt, eingeschaltet. Das Gottesreich wird hier sowohl in seinen partikularistischen wie auch in seinen universalen Dimensionen gezeichnet.

Zu Zeilen 27–30: Das bezieht sich auf den erwarteten Messias.

Zu Zeile 37: „Herrschaft des Frevels" war im rabbinischen Zeitalter eine Chiffre für das die Juden unterdrückende römische Reich. Die Bitte um das Verschwinden der Herrschaft des Frevels hat aber – leider! – auch nach dem Niedergang Roms nichts von ihrer Aktualität verloren.

Das Reich des Allmächtigen

So hoffen wir denn,
Herr, unser Gott,
bald die Verherrlichung Deiner Macht
zu schauen,
wenn der Götzendienst von der Erde schwindet
und die Götzen vertilgt werden,
wenn die Welt verbessert wird
durch das Reich des Allmächtigen,
und alle Erdenkinder Deinen Namen anrufen
und alle Frevler der Erde
sich Dir zuwenden.
Mögen doch alle Bewohner der Erde
einsehen und erkennen,
daß vor Dir sich jedes Knie beugen,
jede Zunge Dir Gehorsam schwören muß.

Vor Dir, Herr, unser Gott,
sollen sie knien
und sich in Demut niederwerfen.
Der Majestät Deines Namens
sollen sie Huldigung bringen.
Ja, sie sollen alle
das Joch Deiner Herrschaft auf sich nehmen,
und mögest Du bald über sie regieren
in Zeit und Ewigkeit.
Denn Dein ist das Reich,
und in alle Ewigkeit
wirst Du in Herrlichkeit regieren.
So heißt es auch in Deiner Torah (Exodus 15, 18):
„Der Herr regiert in Zeit und Ewigkeit."
Und so heißt es (Sacharja 14, 9):
„Dann wird der Herr König sein
über die ganze Erde.
An jenem Tag
wird der Herr der einzige sein
und Sein Name der einzige."

Anmerkungen

Quelle: Baer, a.a.O., S. 132.

Dieses Gebet wurde ursprünglich für die Liturgie des Neujahrsfestes verfaßt, wo es noch heute als Einleitung zu den Bibelversen dient, die von Gott als König und von Seiner Herrschaft reden. Es geht diesem Gebet ein Paragraph voran, in dem Gott dafür gepriesen wird, daß Er Israels Anteil nicht gleich dem Anteil der Götzendiener gemacht hat, die sich vor der Eitelkeit und vor dem Nichts niederwerfen und Götter anbeten, die nicht helfen können. (Vgl. Jesaja 30, 7; 45, 20.) „Wir aber beugen das Knie und werfen uns nieder vor dem

König der Könige aller Könige, dem Heiligen, gelobt sei Er." Im Bewußtsein der Einzigartigkeit seines religiösen Erbes betet nun Israel in dem hier wiedergegebenen zweiten Paragraphen, daß an dem, was in der biblischen Vergangenheit nur Israels Besitz war, in der Zukunft die ganze Menschheit teilhabe. Die Zusammensetzung dieser beiden Paragraphen ist typisch für die dem Judentum eigene und in der jüdischen Liturgie widergespiegelte Verbindung von Partikularismus und Universalismus. Als zur Zeit der Kreuzzüge Juden, die sich der Taufe verweigerten, zu Tausenden verbrannt wurden, gingen sie in den Tod mit diesem Gebet auf den Lippen. Durch diese Tatsache veranlaßt, wurde dann seit etwa 1300 dieses ursprüngliche Neujahrsgebet in die tägliche Liturgie aufgenommen und stellt seitdem das Schlußgebet eines jeden jüdischen Gottesdienstes im aschkenasischen Ritus dar. (Die spanischen und portugiesischen Juden haben allerdings für das tägliche Gebet nur den ersten Paragraphen aufgenommen, während das ganze Gebet bei ihnen nur am Neujahrsfest gesprochen wird.)

Zu Zeilen 6–7: Leo Baeck, der seine Aufmerksamkeit auf die grammatische Form des hebräischen Originals richtet, behauptet, daß die Worte folgendermaßen zu verstehen sind: „Wir hoffen, daß *wir* ... die Welt ordnen werden durch die Herrschaft des Allmächtigen." Vgl. Leo Baeck, „Das Reich des Allmächtigen" in: *Festgabe für Claude G. Montefiore*. Berlin, 1928, S. 7–10.

Zu Zeilen 13–14: Vgl. Jesaja 45, 23.

VIII
SÜNDE UND VERGEBUNG

Das Judentum lehrt: „Es gibt auf Erden keinen einzigen Menschen, der so gerecht wäre, daß er stets richtig handelt und nicht sündigt." (Kohelet 7, 20.) Das Judentum lehrt aber auch: „Der Herr ist ein barmherziger und gnädiger Gott, langmütig, reich an Huld und Treue. Er bewahrt Tausenden Huld, nimmt Schuld, Frevel und Sünde weg." (Exodus 34, 6–7.) In biblischen Zeiten spielte der Opferkult eine große Rolle in der Auffassung von der Sündenvergebung. Aber schon damals war die Darbringung von Sühneopfern nicht etwas rein Mechanisches. Mit ihr war ein *Sündenbekenntnis* verbunden. (Vgl. Levitikus 5, 5; 16, 21.) Nach der Tempelzerstörung erwies sich, daß dieses Sündenbekenntnis auch unabhängig vom Opferkult aufrechtzuerhalten war. Die Rabbinen erklärten allerlei Dinge – wie das Gebet, die Almosen und das Torahstudium – als Ersatz für die Opfer. Aber das Sündenbekenntnis blieb, wurde vielleicht sogar noch wichtiger, als es zu Tempelzeiten war. Denn es war für die Rabbinen undenkbar, daß Gott Seine Kinder ohne eine Möglichkeit zur Versöhnung läßt. Das wird in folgender Stelle des Talmuds so ausgedrückt:

Sie fragten die Weisheit: „Was ist des Sünders Strafe?“ Da antwortete die Weisheit: „Unglück verfolgt die Sünder.“ (Sprichwörter 13, 21.) Da fragten sie die Prophetie: „Was ist des Sünders Strafe?“ Da antwortete die Prophetie: „Wer sündigt, soll sterben.“ (Ezechiel 18, 4.) Da fragten sie die Torah: „Was ist des Sünders Strafe?“ Da antwortete die Torah: „Er soll ein Schuldopfer bringen und dadurch Versöhnung erlangen.“ Dann aber fragten sie den Heiligen, gelobt sei Er, selber: „Was ist des Sünders Strafe?“ Und der Heilige, gelobt sei Er, antwortete: „Er soll umkehren und dadurch Versöhnung erlangen.“ Das ist auch die Bedeutung von Psalm 25, 8: „Gut und gerecht ist der Herr; daher weist Er selbst die Irrenden auf den rechten Weg.“

Jalqut Schime'oni zu Psalm 25, Paragraph 702, nach p. *Makkoth* II, 6, ed. Krotoschin, p. 31d.

Die „Umkehr“ (hebräisch: *Teschubhah*), von der hier die Rede ist, besteht aus verschiedenen Phasen. Zunächst muß man sich von der Sünde abwenden (was hier aber nicht eine theologische Verallgemeinerung von „Sünde“ bedeutet, sondern eine bestimmte Sünde, nämlich diejenige, die man von Gott verziehen haben will). Dann muß man die Sünde bereuen und sie genau und in Worten vor Gott nennen und bekennen. Aber erst wenn sich die Gelegenheit zu derselben Sünde nochmals bietet, und man ihr widersteht, gilt die „Umkehr“ als vollständig. (Das einschlägige rabbinische Material darüber ist bei Maimonides zusammengestellt in: *Mischneh Torah, Hilkhoth Teschubhah,* Kap. 2.)

Gebete um Sündenvergebung kommen in allen Werktagsgottesdiensten vor; an Fasttagen und an den „Zehn Bußtagen“ auch Sündenbekenntnisse. Ganz besonders aber ist die Liturgie des Versöhnungstags von diesen Gebeten und Bekenntnissen erfüllt. Juden, als Einzelne und als Gemeinden, machen ihr Geständnis direkt vor Gott, nicht vor einem Rabbiner oder Priester. Daher wurde auch versucht, die „Sünden-Kataloge“, die in den Bekenntnissen vorkommen, so erschöpfend wie möglich zu machen. Es mag zwar nicht jeder Einzelne in der Gemeinde alle aufgezählten Sünden begangen haben: aber alle Gemeindemitglieder fühlen sich für einander verantwortlich.

Staub im Leben und im Tod

Mein Gott!
Bevor ich erschaffen wurde, war ich ein Nichts.
Jetzt, da ich erschaffen bin,
ist es, als ob ich nicht erschaffen wurde.
Staub bin ich während meines Lebens,
um wieviel mehr nach meinem Tode.
Siehe, ich bin vor Dir wie ein Gefäß voll Schmach und Scham.
Möge es Dein Wille sein,
Herr, mein Gott und Gott meiner Väter,
daß ich nicht mehr sündige.
Und was ich bereits vor Dir gesündigt habe,
tilge es aus in Deiner großen Barmherzigkeit,
jedoch nicht durch Züchtigungen und böse Leiden.

Anmerkungen

Quelle: Baer, a.a.O., S. 421.

Der Talmud (b. *Berakhoth* 17a) berichtet, daß dieses Gebet von Rabh Hamnuna am Versöhnungstage, von Rabha aber täglich als Privatandacht nach dem täglichen Hauptgebet gesprochen wurde. Rabh Hamnuna und Rabha lebten beide im 4. Jahrhundert n. in Babylonien. Die spätere liturgische Tradition hat dann dieses Gebet auf den Versöhnungstag beschränkt, an dem es jedesmal nach dem Hauptgebet gesprochen wird.

Ja, wir haben gesündigt

Unser Gott und Gott unserer Väter!
Möge unser Gebet vor Dich kommen
und entziehe Dich nicht unserem Flehen.
Denn wir sind nicht so frech
und nicht so hartnäckig,
daß wir vor Dir sagen würden,
Herr, unser Gott und Gott unserer Väter,
wir sind gerecht und haben nicht gesündigt.
Ja, wir haben gesündigt.

Wir haben uns verschuldet; wir waren treulos; …

Wir sind von Deinen guten Geboten und Satzungen abgewichen.
Es hat uns nichts genützt.
Du aber bist gerecht in allem,
was über uns gekommen ist.
Denn Du übst Wahrhaftigkeit,
wir aber haben Böses getan.

Was sollen wir vor Dir sagen,
der Du in der Höhe thronst?
Was können wir Dir erzählen,
der Du die Himmel bewohnst?
Kennst Du denn nicht
alle Geheimnisse und alles Offenkundige?

Ja, Du kennst die ewigen Geheimnisse
und die verborgensten Heimlichkeiten
aller Lebenden.
Du durchforschst alle Kammern unseres Innern
und prüfst Nieren und Herz.
Nichts ist vor Dir verborgen,
nichts Deinem Blick entrückt.

So möge es denn Dein Wille sein,
Herr, unser Gott und Gott unserer Väter,
daß Du uns all unsere Sünden verzeihst,
all unsere Missetaten vergibst
und all unsere Frevel sühnst:

Die Sünde, die wir vor Dir begangen haben
gewollt oder ungewollt
und die Sünde, die wir vor Dir begangen haben
durch ein verstocktes Herz;
die Sünde, die wir vor Dir begangen haben
ohne Erkenntnis
und die Sünde, die wir vor Dir begangen haben
durch das Wort unserer Lippen.
...

Sie alle, Gott der Verzeihung,
verzeihe uns, vergib uns, sühne für uns!

Anmerkungen

Quelle: Baer, a.a.O., S. 414ff.

Zu Zeile 10: Hier folgt eine alphabetische Aufzählung von Sünden, die durch das ganze hebräische Alphabet geht – wodurch ausgedrückt wird: „Wir haben von A bis Z gesündigt."

Zu Zeile 38: Auch hier folgt eine Sündenaufzählung, diesmal nach einem doppelten Alphabet. Diese Aufzählung wird ab und zu durch die Worte unterbrochen, die in den Zeilen 39 und 40 wiedergegeben sind.

Die Zeit würde aufhören, nicht die Sünden

Herr der Welt, sollte ich hier stehen, um meine Sünden aufzuzählen und sie zu erklären, so würde zwar die Zeit aufhören, nicht aber meine Sünden. Für welche von ihnen soll ich eine Forderung aufstellen? Für welche um Verzeihung flehen? Und welche soll ich beichten? Die Regel oder den Einzelfall? Die verborgenen Sünden oder die offenbaren? Die ersten oder die letzten Sünden? Die alten oder die neuen? Die versteckten oder die bekannten? Die in Erinnerung gebliebenen oder die von mir vergessenen? Ich weiß von mir, daß ich weder Gelehrsamkeit noch Weisheit besitze, weder Wissen noch Verständnis, weder Gerechtigkeit noch Weisheit und auch keine frommen Werke. Aber ich bin ein Dummer und weiß nichts, ein Tor und verstehe nichts. Ein Räuber bin ich, nicht vertrauenswürdig: schuldig, nicht schuldlos: ein Frevler, kein Gerechter: böse, und nicht gut. Alle bösen Taten habe ich vollbracht, und schlimme Sünden habe ich begangen. Richtest Du mich nun nach meinen Taten, dann wehe mir! Und willst Du mich reinigen, so wie man Silber reinigt und läutert, dann würde von mir nichts übrig bleiben, denn ich bin wie Stroh vor dem Feuer, wie trockenes Holz vor der Flamme, wie Silberglasur über Tongeschirr, Eitelkeit der Eitelkeiten, in der nichts Wirkliches ist.

Womit soll ich nun vor Gott kommen? Welche Heilung soll ich ersuchen? Ich war doch wie ein widerspenstiger Sohn; wie ein Knecht, der sich gegen seinen Herrn auflehnt; wie ein Schüler, der mit seinem Lehrer streitet. Das, was Du als rein erklärt hast, habe ich als unrein erklärt; das, was Du als unrein erklärt hast, habe ich als rein erklärt. Was Du erlaubt hast, habe ich verboten; und was Du verboten hast, habe ich erlaubt. Das von Dir Gehaßte habe ich geliebt; das von Dir Geliebte habe ich gehaßt. Was Du erleichtert hast, habe ich erschwert; was Du erschwert hast, habe ich erleichtert. Was Du entfernt hast, habe ich nahe gebracht; was Du nahe gebracht hast, habe ich entfernt. Jedoch war es nicht meine Absicht, Dich zu erzürnen, mit frecher Stirn vor Dich zu kommen, um Verzeihung von Dir zu erflehen. Zwar verstellte ich mein Antlitz wie das eines Hundes und machte meine Stirn frech wie eine Dirne; doch trete ich jetzt vor Dich in großer Scham. So steht es auch geschrieben (Jeremia 3, 3): „Doch du hattest die freche Stirn einer Dirne und wolltest dich nicht schämen."

Herr der Welt, ich bete und beichte nicht nur für mich allein, sondern für mich und für Deine Gemeinde, die vor Dir steht – obwohl ich nicht würdig und nicht rein genug bin, ein Bekenntnis für mich selbst abzulegen. Um wieviel weniger für andere! Doch ist es Deine Art, langmütig zu sein, Deine Weise, Deinen Zorn vorübergehen zu lassen, und Deine Gewohnheit, Dich Deiner Geschöpfe zu erbarmen – besonders derer, die zu Dir zurückkehren, ihre Sünden bekennen, meiden und bereuen und sie nicht zu verdecken suchen. So steht es auch geschrieben (Sprichwörter 28,13): „Wer seine Sünden bekennt und meidet, findet Erbarmen.“ Auch rettet er seine Seele vor der Höllenstrafe.

Herr der Welt, die Prozedur Deines gerechten Gerichts ist nicht wie die Prozedur der menschlichen Gerichte. Es ist die Art der Menschen, daß, wenn jemand seinen Nächsten beim Gericht oder bei einem Richter in einer Geldsache verklagt, der Angeklagte nicht zu bezahlen braucht, wenn er die Anklage bestreitet, und daß er zahlen muß, wenn er gesteht. Aber in Deinem gerechten Gericht ist es nicht so: denn wehe dem Menschen, der verneint! Gesteht er aber und meidet dann seine Sünden, erbarmst Du Dich seiner.

Herr der Welt, gäbe es unsere Sünden und Vergehen nicht, würden wir uns nicht schämen und wir würden nicht beschämt sein. Und was sollten wir dann auch bekennen? Denn der Mensch kann nicht um Verzeihung für eine Sünde bitten, die er nicht begangen hat. Aber auch die Macht Deines Erbarmens wird nur dadurch bekannt, daß Du die Sünden derer vergibst, die in Ehrfurcht vor Dir stehen. So ist es denn nicht nur für mich allein, daß ich hier beichte, sondern für mich und für Deine Gemeinde. Möge es Dein Wille sein, Herr, unser Gott und Gott unserer Väter, daß Du uns all unsere Freveltaten und Vergehen vergibst und verzeihst und daß Du unsere Sünden sühnst.

Anmerkungen

Quelle: Baer, a.a.O., S. 325–326.

Ungleich den bereits zitierten Sündenbekenntnissen, die im gehobenen und poetischen Stil verfaßt wurden, ist dieses sogenannte „große Sündenbekenntnis des Rabbenu Nissim" in einem ganz prosaischen Stil gehalten. Teilweise werden hier sogar auch Fachausdrücke der talmudischen Lehrhausdiskussion gebraucht. Da es im Singular, und nicht im Plural spricht, scheint auch der Verfasser eher an ein Privatgebet des Einzelnen (vielleicht des Vorbeters) als an ein Gemeindebekenntnis gedacht zu haben. Dennoch fand es, in einer etwas anderen als der hier wiedergegebenen Form, Eingang in den Morgengottesdienst am Versöhnungstag der spanischen und portugiesischen Juden. (Vgl. *The Book of Prayer and Order of Service according to the Custom of the Spanish and Portuguese Jews,* ed. Moses Gaster. Bd. III. London, 1904, S. 123–126.) In der hier (etwas verkürzt) wiedergegebenen Version hat es auch seinen Weg in die Liturgie derjenigen deutschen und polnischen Juden gefunden, die unter dem Einfluß der im 16. Jahrhundert von Palästina ausgehenden mystischen Richtung standen. Hier wurde nämlich der Vortag eines jeden Neumondtages als „kleiner Versöhnungstag" begangen, und für die Liturgie dieses „kleinen Versöhnungstages" wurde auch das „große Sündenbekenntnis des Rabbenu Nissim" aufgenommen. Es handelt sich bei dem Verfasser um Rabbenu Nissim ben Jakob ben Nissim ibn Schahin (c. 990–1062), Talmudist und Oberhaupt der babylonischen Talmudakademien. Über ihn, vgl. Shraga Abramson (Hrsg.), *R. Nissim Gaon – Libelli Quinque.* Jerusalem, 1965, Einleitung (hebräisch), S. 18–47.

Zum 1. Absatz: Die Betonung der absoluten Nichtigkeit des Beters, obwohl ernst gemeint, ist ein Bescheidenheitstopos und darf nicht als Gesamtbild des Menschen innerhalb der rabbinischen Tradition verstanden werden. Gegen eine Übertreibung derartiger Minderwertigkeitsgefühle wehrt sich die volkstümliche jüdische Auffassung vom Menschen – so etwa, wenn folgender Witz erzählt wird: Am Vorabend des Versöhnungstages stellt sich der Rabbiner vor den geöffneten Torahschrein und betet inbrünstig: „Vater im Himmel, vergib mir meine Sünden. Ich bin doch ein Sünder, unwürdig, ein Nichts." Ihm folgt der Kantor und betet um Vergebung: auch er bezeichnet sich als ein Nichts vor Gott. Dann kommt der Synagogenvorsteher und tut das Gleiche. Schließlich kommt der Synagogendiener, spricht das gleiche Gebet und weist ebenfalls auf seine absolute Nichtigkeit hin. Da ruft der Synagogenvorsteher dem Kantor zu: „Schau, wer sich heutzutage schon ein Nichts nennt!"

Zum 2. Absatz: Die Terminologie ist hier die der rabbinischen Rechtssprechung in rituellen wie auch in zivilrechtlichen Angelegenheiten. „Was Du erlaubt hast (wörtlich: gelöst hast), habe ich verboten (wörtlich: gebunden), usw." bezieht sich auf die Autorität des Rabbis. Im idealen Fall erlaubt er das, was von Gott erlaubt wird, und verbietet das, was von Gott verboten wird, d. h., die Intention des Rabbis deckt sich mit der Intention Gottes und umgekehrt. Vgl. hiermit die Einsetzungsformel für den Apostel Petrus in Matthäus 16, 19, die an die rabbinische Ordinationsformel anklingt. Rabbenu Nissim, der täglich über praktische Fragen von „rein und unrein", „erlaubt und verboten" und „Erleichterungen und Erschwerungen" zu entscheiden hatte, drückt vor Gott seine Befürchtung aus, nicht immer im vollen Einklang mit Gottes Intention gehandelt zu haben.

Zum 4. Absatz: Der Vergleich zwischen dem menschlichen und dem himmlischen Gericht basiert auf dem Prinzip: „Kein Mensch ist so frech, daß er seine Schuld in Anwesenheit seines Gläubigers leugnet." (B. *Baba Qamma* 107a.) Daher kann ein Schuldner, wenn es keine Zeugen oder schriftliche Unterlagen gibt, seine Schuld einfach vor Gericht leugnen und frei ausgehen.

Zum 5. Absatz: „Aber auch die Macht Deines Erbarmens wird nur dadurch bekannt, daß Du die Sünden derer vergibst, die in Ehrfurcht vor Dir stehen." Bei aller Demut, dennoch ein gewagtes Theologoumenon, das an den Satz von Heinrich Heine auf seinem Totenbett anklingt: „Dieu me pardonnera. C'est son métier" – wenn es sich nicht gar auf derselben Bahn bewegt wie Martin Luthers: „Esto peccator et pecca fortiter, sed fortius fide et gaude in Christo."

Du reichst Deine Hand den Frevlern

Du reichst Deine Hand den Frevlern,
und Deine Rechte ist geöffnet,
die Umkehrenden aufzunehmen.
Du hast uns gelehrt,
Herr, unser Gott,
all unsere Sünden vor Dir zu bekennen,
so daß wir ablassen
von der Gewalttat unserer Hände
und Du uns in vollständiger Rückkehr
zu Dir aufnimmst,
als hätten wir Dir Feueropfer und
Wohlgerüche dargebracht,
um Deiner Worte willen,
die Du gesprochen hast.
Endlos wären die Feueropfer,
die wir bringen müßten,
unzählig die Wohlgerüche

für unsere Sünden.
Du aber weißt,
daß wir am Ende
Anteil des Wurms und der Made sind.
Daher hast Du für uns die Mittel der Verzeihung vermehrt.
Denn was sind wir?
Was ist unser Leben?
Was unsere Güte?
Was unser Heil?
Was unsere Kraft?
Was unsere Stärke?
Was können wir vor Dir sagen,
Herr, unser Gott und Gott unserer Väter?
Sind nicht alle Helden wie ein Nichts vor Dir?
Die Männer des Ruhms, als wären sie nie gewesen?
Die Weisen wie ohne Kenntnis?
Die Verständigen wie ohne Verstand?
Denn die Fülle ihrer Taten ist nichtig,
und die Tage ihres Lebens wie ein Hauch vor Dir.
Ja, der Vorzug des Menschen vor dem Tiere ist nichts,
denn alles ist eitel.
Jedoch hast Du den Menschen von Anfang an unterschieden
und hast ihn anerkannt, vor Dir zu stehen.
Wer könnte Dir schon sagen:
„Was machst Du da?"
Und wenn der Mensch gerecht ist,
was gibt er Dir schon damit?
Herr, unser Gott,
in Liebe hast Du uns diesen Versöhnungstag gegeben,

als Ende, Verzeihung und Vergebung
all unserer Sünden,
daß wir ablassen
von der Gewalttat unserer Hände
und zu Dir zurückkehren,
um mit ganzem Herzen
die Satzungen Deines Willens zu erfüllen.
Du aber
in Deiner großen Barmherzigkeit
erbarme Dich unser,
denn Du begehrst ja nicht
die Zerstörung der Welt.
So heißt es auch (Jesaja 55, 6–7):
„Sucht den Herrn, solange Er sich finden läßt,
ruft Ihn an, solange Er nahe ist.
Der Ruchlose soll seinen Weg verlassen,
der Frevler seine Pläne.
Er kehre um zum Herrn,
damit Er Erbarmen hat mit ihm,
und zu unserem Gott:
denn Er ist groß im Verzeihen.“
Und Du bist ein Gott der Vergebung,
gnädig, barmherzig und langmütig,
groß an Liebe
und unerschöpflich an Güte.
Du willst,
daß die Frevler umkehren,
nicht daß sie sterben.
So heißt es auch (Ezechiel 33, 11):
„Sag zu ihnen:
So wahr Ich lebe
– Spruch Gottes, des Herrn –,
Ich habe kein Gefallen am Tod des Schuldigen,
sondern daran,

daß er von seinem Wege umkehrt und lebt.
Kehrt um, kehrt um
von euren bösen Wegen!
Warum auch wollt ihr sterben,
Haus Israel?“
Und es heißt (Ezechiel 18, 23):
„Habe Ich etwa Gefallen am Tod des Schuldigen
– Spruch Gottes, des Herrn –,
und nicht vielmehr daran,
daß er seine bösen Wege verläßt und lebt?“
Und es heißt (Ezechiel 18, 32):
„Ich habe doch kein Gefallen
am Tod dessen, der sterben muß –
Spruch Gottes, des Herrn.
Kehrt um, damit ihr am Leben bleibt!“
Denn Du bist der Sündenverzeihende Israels,
der Schuldvergebende Jeschuruns
von Geschlecht zu Geschlecht.
Außer Dir haben wir keinen König,
der verzeiht und vergibt.

Anmerkungen

Quelle: Baer, a.a.O., S. 436–438.

Fünf Gottesdienste finden am Versöhnungstag statt: am Vorabend, am frühen Morgen, am späten Morgen, am Nachmittag und am späten Nachmittag. Die vier Gottesdienste am Tage selber gehen ineinander über, d. h., ein Gottesdienst folgt dem anderen ohne Unterbrechung. Der Gottesdienst am späten Nachmittag dauert bis zum Sonnenuntergang, und mit ihm wird der Höhepunkt der ganzen Versöhnungsliturgie erreicht. Es ist der Schlußgottesdienst *(Ne'ilah)*. Von den zwei Sündenbekenntnissen (ein kürzeres und ein längeres), die in jedem Gottesdienst am Versöhnungstag gesprochen werden, findet beim Schlußgottesdienst nur das kürzere Verwendung. Die Stimmung, die bei diesem Gottesdienst herrscht, ist nämlich die, daß, Seinem eigenen Versprechen getreu, Gott die Sünden der Gemeinde vergeben hat. Statt des langen Sündenbekenntnisses wird das hier wiedergegebene Gebet gesprochen.

Zu Zeilen 11–12: Gott wird hier sozusagen an Seine eigenen Worte erinnert. In Bibelstellen wie 1 Samuel 15, 22: Psalm 51, 19: Hosea 14, 3 und oft in der Bibel heißt es, daß Gehorsam besser als Opfer ist, daß das zerknirschte Herz das wahre Opfer ist, und daß die „Frucht unserer Lippen“ das Opfer ersetzen kann. So Baer, *ad loc.*

Zu Zeilen 21–36: Der Anfang dieser Zeilen wird schon im Talmud (b. *Joma* 87b) als Gebet für den Versöhnungstag erwähnt. Später wurden dann diese Zeilen in das tägliche Morgengebet aufgenommen.

Zu Zeilen 35–36: Vgl. Kohelet 3, 19.

IX

DAS GOTTESVOLK IN DER GESCHICHTE

Das Judentum gründet seinen Glauben nicht auf die Metaphysik (obwohl auch die Metaphysik zu der später entwickelten Theologie beigetragen hat), sondern auf die Erfahrung. Es glaubt an den Gott, den es in konkreten historischen Situationen angetroffen hat. Vgl. Jakob J. Petuchowski, *Die Stimme vom Sinai*. Freiburg i. Br., 1981, S. 33–37. Der Gott Israels offenbart sich in der Geschichte. Am Anfang der jüdischen Geschichte steht die Befreiung aus ägyptischer Knechtschaft. Am erwarteten Ende der Geschichte steht die messianische Erlösung. Zwischen erster und letzter Erlösung hat das jüdische Schicksal seine Aufstiege und seine Niedergänge. Das religiöse Jahr des Juden hat seine Gedenktage freudiger und trauriger Art, an denen die Liturgie sowohl von den Errettungen wie auch von den Niederlagen spricht. Im täglichen Gebet ist man sich der gegenwärtigen Lage „im Exil“ bewußt; jedoch läßt die Erinnerung an Gottes Heilstaten in der Vergangenheit auch die Hoffnung für die Zukunft aufkommen.

In jeder Generation

(Aus dem Passah-Ritual)

Gelobt sei Er,
der Israel gegenüber Sein Versprechen hält,
gelobt sei Er!
Denn der Heilige, gelobt sei Er,
hatte schon vorher das Ende berechnet,
um das zu tun, von dem es heißt (Genesis
15, 13–14):
„Gott sprach zu Abram:
Du sollst wissen:
Deine Nachkommen werden als Fremde
in einem Lande wohnen,
das ihnen nicht gehört.
Sie werden dort als Sklaven dienen,
und man wird sie dort vierhundert Jahre lang
hart behandeln.
Aber auch über das Volk,
dem sie als Sklaven dienen,
werde Ich Gericht halten:
und nachher werden sie mit reicher Habe
ausziehen.“

Es ist dieses Versprechen,
das unseren Vätern und uns beistand.
Denn nicht nur einer allein
hat sich gegen uns erhoben,
sondern in jeder Generation
erheben sich Menschen gegen uns,
um uns zu vernichten.
Jedoch der Heilige, gelobt sei Er,
errettet uns aus ihrer Hand.
...

„Ein herumirrender Aramäer war mein Vater.
Er zog nach Ägypten herunter,
lebte dort als Fremder mit wenigen Leuten
und wurde dort
zu einem großen, mächtigen und zahlreichen Volk.
Die Ägypter aber behandelten uns schlecht,
sie peinigten uns
und legten uns harte Fronarbeit auf.
Da schrien wir zum Herrn,
dem Gott unserer Väter,
und der Herr hörte unser Schreien
und sah unsere Pein,
unsere Arbeitslast und unsere Bedrängnis.
Der Herr führte uns aus Ägypten
mit starker Hand
und ausgestrecktem Arm,
unter großen Schrecken,
unter Zeichen und Wundern." (Deuteronomium 26, 5–8.)

...

Das Passahlamm, das unsere Väter zur Tempelzeit aßen,
warum war es da?
Weil der Heilige, gelobt sei Er,
die Häuser unserer Väter überschritt,
wie es heißt (Exodus 12, 27):
„Dann sollt ihr sagen:
Es ist das Passah-Opfer für den Herrn,
der in Ägypten an den Häusern der Israeliten vorüberging,
als Er die Ägypter schlug
aber unsere Häuser verschonte."

Dieses ungesäuerte Brot, das wir essen,
warum ist es da?
Weil der Teig unserer Väter nicht mehr Zeit hatte,
zu säuern,
als sich der König der Könige aller Könige,
der Heilige, gelobt sei Er,
ihnen offenbarte
und sie erlöste,
wie es heißt (Exodus 12, 39):
„Aus dem Teig,
den sie aus Ägypten mitgebracht hatten,
backten sie ungesäuerte Brotfladen,
denn der Teig war nicht durchsäuert,
weil sie aus Ägypten verjagt worden waren
und nicht einmal Zeit hatten,
für Reiseverpflegung zu sorgen."

Dieses Bitterkraut, das wir essen,
warum ist es da?
Weil die Ägypter das Leben unserer Väter in
Ägypten
verbittert haben,
wie es heißt (Exodus 1, 14):
„Sie verbitterten ihnen das Leben
durch harte Arbeit mit Lehm und Ziegeln
und durch alle möglichen Arbeiten
auf den Feldern,
neben anderen Arbeiten,
wozu sie die Israeliten mit Härte antrieben."

In jedem Geschlecht ist der Mensch
verpflichtet,
sich so zu betrachten,
als ob er selbst aus Ägypten gezogen sei.
Denn so heißt es (Exodus 13, 8):

„An jenem Tag erzähle deinem Sohn:
Das geschieht für das,
was der Herr *an mir* getan hat,
als *ich* aus Ägypten zog.“
Nicht nur unsere Väter
hat der Heilige, gelobt sei Er, erlöst,
sondern auch uns
hat Er zusammen mit ihnen erlöst.
So heißt es auch (Deuteronomium 6, 23):
„*Uns* aber hat Er von dort herausgeführt,
um uns in das Land hereinzuführen,
das Er unseren Vätern zugeschworen hatte,
uns zu geben.“

Deshalb sind wir verpflichtet,
zu danken und zu preisen,
zu loben und zu verherrlichen,
zu erheben und zu segnen

...

den, der unseren Vätern und uns
all diese Wunder getan hat.
Er hat uns aus der Sklaverei in die Freiheit geführt,
aus der Sorge in die Freude,
aus der Trauer in die Feier,
aus der Finsternis in das große Licht
und aus der Knechtschaft in die Erlösung.
Laßt uns Ihm daher ein „Halleluja!“ singen.

(Hier werden die Psalmen 113 und 114 gesungen.)

Gelobt seist Du,
Herr, unser Gott, Weltenherrscher,
der uns und unsere Väter aus Ägypten befreit hat

und uns diese Nacht erreichen ließ,
um in ihr ungesäuertes Brot und Bitterkraut zu essen.
So laß uns auch,
Herr, unser Gott und Gott unserer Väter,
zu anderen Festtagen und Wallfahrtstagen gelangen,
die uns in Frieden entgegenkommen,
mit Freude am Wiederaufbau Deiner Stadt
und mit Wonne an Deinem Dienst.
Dort werden wir auch
von den Schlachtopfern und den Passah-Opfern essen,
deren Blut zur wohlgefälligen Aufnahme
an die Wand Deines Altars gelangt.
Dann singen wir Dir
ein neues Lied des Dankes
für unsere Erlösung
und für die Befreiung unseres Lebens.
Gelobt seist Du, Herr,
der Israel erlöst hat.

Anmerkungen

Quelle: E. D. Goldschmidt (Hrsg.), *The Passover Haggadah – Its Sources and History*. (Hebräisch.) Jerusalem, 1960, S. 120–126.

Am Vorabend des Passahfestes (und bei orthodoxen und vielen konservativen Juden auch am Vorabend des zweiten Feiertags) wird bei festlichem Abendbrot der Auszug der Israeliten aus Ägypten im Familienkreis gefeiert. Hier kommen kindliche Fragen über die Bedeutung der besonderen symbolischen Speisen, väterliche Antworten, erhabene Gebete, fröhliche Gesänge, rabbinische Schriftauslegungen und Anekdoten, das Trinken von vier Bechern Wein, Ausdrücke messianischer Hoffnung und Kinderreime alle zusammen, um diese Nacht von allen anderen Nächten zu unterscheiden. Jedoch findet das in einer gewissen Reihenfolge und Ordnung statt. Daher der Name dieser Feier: *seder,* d.h. „Ordnung". Nach rabbinischer Anordnung (*Mischnah Pessaḥim* 10:4), wird mit der Erinnerung an die Schmach der Sklaverei begonnen und mit der Lobpreisung Gottes für die Befreiung geschlossen. Das besondere Gebetbuch für diese Feier heißt *Haggadah,* was soviel wie „Erzählung" aber auch „Kerygma" bedeutet. Der hier wiedergegebene Text ist eine Auswahl aus der *Haggadah.*

Vereitelter Pogrom

Wir danken Dir
für die Wunder und die Befreiung,
für die Allmachtstaten und die Hilfe
und für die Siege,
die Du unseren Vätern erwiesen hast
in jenen Tagen zu dieser Zeit.

In den Tagen Mordechais und Esthers,
in der Hauptstadt Schuschan,
stand der böse Haman auf,
alle Juden zu vernichten,
zu töten und zu vertilgen –
von Knabe bis Greis,
Kinder und Frauen,
an einem Tage,
am dreizehnten des zwölften Monats,
das ist der Monat Adar,
und ihre Habe zu plündern.
Du aber, in Deiner großen Barmherzigkeit,
hast seinen Plan vereitelt
und seine Absicht zerstört.

Vergeltung hast Du ihm heimgezahlt
auf sein eigenes Haupt.
Ihn und seine Söhne
hing man an den Galgen.

Anmerkungen

Quelle: Baer, a.a.O., S. 100–101.

Das biblische Buch Esther, das eine Errettung der Juden im persischen Reich beschreibt (aber auch als paradigmatisch für verschiedene Errettungen der Juden unter „exilischen" Verhältnissen gilt), wird in der Synagoge am Purimfest aus einer Pergamentrolle vorgelesen und gibt diesem Fest seinen fröhlichen (und teilweise auch ziemlich ausgelassenen) Charakter. Im Hauptgebet wird das hier wiedergegebene Stück, das die Esther-Geschichte kurz zusammenfaßt, eingeschaltet.

Starke in die Hand der Schwachen

Wir danken Dir
für die Wunder und die Befreiung,
für die Allmachtstaten und die Hilfe
und für die Siege,
die Du unseren Vätern erwiesen hast
in jenen Tagen zu dieser Zeit.

In den Tagen des Matatias,
des Sohnes Jochanans, des hasmonäischen Hohenpriesters,
und seiner Söhne
stand das böse syrisch-hellenistische Reich
gegen Dein Volk Israel auf,

sie Deine Torah vergessen
und Deine Gebote übertreten zu machen.
Du aber, in Deiner großen Barmherzigkeit,
standst ihnen bei in der Zeit ihrer Not.
Du strittest ihren Streit,
nahmst Dich ihrer Sache an
und vollzogst für sie Vergeltung.
Du gabst Starke in die Hand der Schwachen,
Viele in die Hand der Wenigen,
Unreine in die Hand der Reinen,
Frevler in die Hand der Frommen,
Übermütige in die Hand derer,
die sich mit Deiner Torah befaßten.
Dir selbst erwirktest Du einen großen und
heiligen Namen
in Deiner Welt.
Deinem Volk Israel aber
hast Du große Hilfe und Befreiung
werden lassen,
wie an dem heutigen Tage.
Damals kamen Deine Kinder
in das Innere Deines Hauses.
Sie kehrten Deinen Tempel aus
und reinigten Dein Heiligtum.
Sie zündeten Lichter an
in den Vorhöfen Deines Heiligtums
und setzten ein
die acht Tage dieses Weihefestes,
Deinem großen Namen zu danken
und ihm Lob zu singen.

Anmerkungen

Quelle: Baer, a.a.O., S. 100–101.

Die Wiedereinweihung des Jerusalemer Tempels nach dem Sieg der Makkabäer gegen Antiochus IV (Epiphanes) im zweiten Jahrhundert v., wovon die Bücher 1 und 2 Makkabäer berichten, wird von den Juden alljährlich durch ein achttägiges Fest gefeiert, dessen Hauptcharakteristik das abendliche Anzünden von Lichtern ist. (Ein Licht am ersten Abend, zwei am zweiten, usw.) Im Gebet wird der Wiedereinweihung des Tempels in der hier wiedergegebenen Einschaltung gedacht. Den alten Rabbinen kam es weit weniger auf den militärischen und politischen Sieg der Makkabäer als auf den Beistand Gottes und den gereinigten Tempel an. Die Bücher der Makkabäer wurden von der Kirche, nicht von der Synagoge, als Heilige Schrift betrachtet.

Die Opfer der Kreuzfahrer

Möge der Vater der Barmherzigkeit,
der in des Himmels Höhen thront,
in Seinem mächtigen Erbarmen
der Frommen, der Geraden
und der Vollkommenen gedenken,
der heiligen Gemeinden,
die ihr Leben aufgaben
zur Heiligung des göttlichen Namens –
die Geliebten und die Teuren,
im Leben und Tod sind sie nicht getrennt.
Schneller als Adler waren sie,
stärker als Löwen,
den Willen ihres Schöpfers zu tun
und den Wunsch ihres Felsens.
Möge unser Gott sie im guten Gedenken
behalten

zusammen mit den übrigen Gerechten der Welt,
und möge Er Vergeltung üben
für das vergossene Blut Seiner Diener.
...

Anmerkungen

Quelle: Baer, a.a.O., S. 233.

Der erste Kreuzzug forderte im Jahre 1096 viele jüdische Opfer. Ganze jüdische Gemeinden, besonders im Rheinland, wurden zerstört. Die Kreuzfahrer, darauf aus, das Heilige Land von den „Ungläubigen" (d.h. den Muslimen) zu befreien, bemerkten nämlich, daß es auch „Ungläubige" (d.h. Juden) mitten unter den Christen gab. Jüdische Gemeinden, die auf der Strecke lagen, wurden vor die Wahl gestellt, sich entweder taufen oder töten zu lassen. Die große Mehrheit zog den Tod der Abtrünnigkeit vor. Vgl. A. Neubauer und M. Stern (Hrsg.), *Hebräische Berichte über die Judenverfolgungen während der Kreuzzüge.* Berlin, 1892. Zu jener Zeit entstand das hier wiedergegebene Gebet.

Zu Zeilen 9–12: Vgl. 2 Samuel 1, 23.

Die sich in Bedrängnis befinden

Möge es der Wille unseres Vaters im Himmel sein,
daß Er das Haus unseres Lebens
wiedererrichtet,
und daß Er Seine Gegenwärtigkeit
wieder zu uns zurückführt.
Darauf sprechen wir Amen.

Möge es der Wille unseres Vaters im Himmel sein,
daß Er sich unser und unseres Restes erbarmt,

und daß Er Vernichtung und Plage fernhält
von uns und von Seinem ganzen Volk,
dem Haus Israel.
Darauf sprechen wir Amen.

Möge es der Wille unseres Vaters im Himmel sein,
daß Er unter uns aufrecht erhält
die Weisen Israels,
sie und ihre Frauen, ihre Söhne
und ihre Töchter,
ihre Schüler und die Schüler ihrer Schüler
in allen Orten, wo sie wohnen.
Darauf sprechen wir Amen.

Möge es der Wille unseres Vaters im Himmel sein,
daß wir hören und daß uns Kunde
gebracht wird
von guten Botschaften, Heil und Tröstungen.
Möge Er unsere Verstoßenen versammeln
von den vier Enden der Erde.
Darauf sprechen wir Amen.

Unsere Brüder, das ganze Haus Israel,
die sich in Bedrängnis
und Gefangenschaft befinden,
auf dem Meer und auf dem Trockenland,
möge der Allgegenwärtige sich ihrer erbarmen
und sie von der Bedrängnis in die
Freiheit führen,
von der Finsternis in das Licht
und von der Unterdrückung in die Erlösung –
jetzt, bald und zu einer nahen Zeit.
Darauf sprechen wir Amen.

Anmerkungen

Quelle: Baer, a.a.O., S. 124–125.

Dieses Gebet, am Montag und am Donnerstag nach der Torahvorlesung in der Synagoge gesprochen, drückt das aus, was dem Gottesvolk, sich seiner Lage im Exil bewußt, auf dem Herzen liegt: der Wiederaufbau des Jerusalemer Tempels („Haus unseres Lebens"), das Fernhalten von Vernichtung und Plage (beides häufige Erfahrungen im Mittelalter), das Wohlergehen der Gelehrten, ihrer Familien und ihrer Schüler, und, am Ende wie am Anfang, die messianische Hoffnung.

Möge Er auch uns antworten

Er, der unserem Vater Abraham
auf dem Berge Morijah antwortete,
möge Er auch uns antworten.
Er, der seinem Sohn Isaak,
als er gebunden auf dem Altar lag, antwortete,
möge Er auch uns antworten.
Er, der dem Jakob in Bethel antwortete,
möge Er auch uns antworten.
Er, der dem Josef im Gefängnis antwortete,
möge Er auch uns antworten.
Er, der unseren Vätern am Schilfmeer
antwortete,
möge Er auch uns antworten.
Er, der dem Moses am Horeb antwortete,
möge Er auch uns antworten.
Er, der dem Aaron,
als er die Räucherpfanne nahm, antwortete,
möge Er auch uns antworten.
Er, der dem Pinhas, als er mitten

in der Gemeinde aufstand, antwortete,
möge Er auch uns antworten.
Er, der dem Josua in Gilgal antwortete,
möge Er auch uns antworten.
Er, der dem Samuel in Mizpah antwortete,
möge Er auch uns antworten.
Er, der dem David und seinem Sohne Salomon in Jerusalem antwortete,
möge Er auch uns antworten.
Er, der dem Elia auf dem Berge Carmel antwortete,
möge Er auch uns antworten.
Er, der dem Elisa in Jericho antwortete,
möge Er auch uns antworten.
Er, der dem Jona im Bauche des Fisches antwortete,
möge Er auch uns antworten.
Er, der dem Hiskija in seiner Krankheit antwortete,
möge Er auch uns antworten.
Er, der Hananja, Misael und Asarja im feurigen Ofen antwortete,
möge Er auch uns antworten.
Er, der dem Daniel in der Löwengrube antwortete,
möge Er auch uns antworten.
Er, der Mordechai und Esther in der Hauptstadt Schuschan antwortete,
möge Er auch uns antworten.
Er, der dem Esra im Exil antwortete.
möge Er auch uns antworten.
Er, der allen den Gerechten, Frommen, Fehlerlosen und Aufrichtigen antwortete,
möge Er auch uns antworten.

Anmerkungen

Quelle: W. Heidenheim (Hrsg.), *Seder Seliḥoth lekhol ha-Schanah*. Rödelheim, 1842, S. 9a.

Diese Litanei, die aus Gottes Heilstaten in der biblischen Vergangenheit Hoffnung für die Gegenwart schöpft, ist ein Bestandteil der Frühmorgenandacht in der Woche vor dem Neujahrsfest. Sie findet sich bereits, in aramäischer Sprache, in dem allerersten jüdischen Gebetbuch, dem *Seder Rabh 'Amram Gaon* des 9. Jahrhunderts (vgl. ed. Goldschmidt, S. 159), geht aber in ihren Gedanken und in ihrer Struktur auf die Fasttagsliturgie zurück, die schon zu Tempelzeiten gebetet wurde. (Vgl. *Mischnah Ta'anith* 2:4.)

Zu Zeile 13: Vgl. Numeri 17, 11–12.

Zu Zeile 15: Vgl. Numeri 25, 6–8.

X
DER TISCHDANK

Gott für die Speise zu danken, mit der Er uns ernährt, ist nach jüdischer Auffassung nicht nur Sache des Gefühls, sondern auch die Erfüllung eines biblischen Gebots, das in Deuteronomium 8, 10 geschrieben steht: „Wenn du ißt und satt wirst, sollst du den Herrn, deinen Gott, preisen für das gute Land, das Er dir gegeben hat." Da in diesem Bibelvers auch das Land erwähnt wird, ergab sich, daß Gott nicht nur für Speise und Trank, sondern auch für die Gabe des Landes (und, damit verbunden, die Gabe des Bundes und die Gabe der Torah) gelobt werden muß. Dazu gesellte sich eine besondere Benediktion für das Volk Israel, die Stadt Jerusalem und die davidische Dynastie, die dann, nach der Zerstörung im Jahre 70 n., in eine Bitte um den Wiederaufbau Jerusalems verwandelt wurde. So bestand denn das Tischgebet ursprünglich aus drei Benediktionen *(berakhoth):* für Speise, für Land und Ernährung, und für Jerusalem. Erst später kam eine vierte Benediktion hinzu, die Gott preist, weil Er gut und gütig ist. Damit ist der pflichtgemäße Tischdank beendet. Viele fügen aber noch weitere Bitten um Gottes Segen für Vater und Mutter und für die Tischgesellschaft, um ehrwürdige Ernährung, um das Ende des Exils und das Kommen des Messias usw. hinzu, die auch in das Gebetbuch aufgenommen worden sind, hier aber ausgelassen werden. Gebetbücher früherer Jahrhunderte weisen auch kürzere Fassungen des Tischdanks auf, in denen aber Thematik und Struktur der vier Benediktionen streng beobachtet werden.

1. Der alle speist

Gelobt seist Du,
Herr, unser Gott, Weltenherrscher.
der die ganze Welt in Seiner Güte speist,
in Gunst, Gnade und Barmherzigkeit.
„Er gibt Nahrung allem Fleisch,
denn ewig währt Seine Huld.“ (Psalm 136, 25.)
Durch Seine große Güte
hat uns nie die Speise gefehlt.
Möge sie uns nimmer fehlen,
Seines großen Namens willen.
Denn Er speist alle
und ist gütig allen
und bereitet Speise für all Seine Geschöpfe,
die Er erschaffen hat.
Gelobt seist Du, Herr,
der alle speist.

2. Für das Land und für die Ernährung

Wir danken Dir,
Herr, unser Gott,
daß Du unseren Vätern zum Anteil gabst

ein liebliches, gutes und geräumiges Land,
daß Du, Herr, unser Gott,
uns aus dem Land Ägypten geführt
und uns aus der Knechtschaft befreit,
für Deinen Bund,
den Du in unser Fleisch geprägt,
für Deine Torah,
die Du uns gelehrt,
für Deine Satzungen,
die Du uns kundgetan,
für Leben, Gunst und Gnade,
mit denen Du uns begnadet,
und für die Speise,
mit der Du uns speisest und ernährst
immerdar,
an jedem Tage,
zu jeder Zeit und zu jeder Stunde.
Für alles,
Herr, unser Gott,
danken wir Dir
und preisen Dich.
Gepriesen sei Dein Name
im Munde alles Lebenden
immerdar,
in Zeit und Ewigkeit,
so wie es geschrieben steht (Deuteronomium 8, 10):
„Wenn du ißt und satt wirst,
sollst du den Herrn, deinen Gott, preisen
für das gute Land,
das Er dir gegeben hat."
Gelobt seist Du, Herr,
für das Land und für die Ernährung.

3. Der Jerusalem erbaut

Erbarme Dich,
Herr, unser Gott,
Deines Volkes Israel,
Deiner Stadt Jerusalem,
Zions, der Stätte Deiner Herrlichkeit,
des Hauses Davids, Deines Gesalbten,
und des großen und heiligen Hauses,
über das Dein Name genannt wird.
Unser Gott, unser Vater,
weide uns, speise uns,
ernähre uns und erhalte uns
und befreie uns.
Ja, befreie uns aus all unseren Nöten.
Laß uns nicht angewiesen sein,
Herr, unser Gott,
auf die Gabe von Fleisch und Blut
und nicht auf ihr Darlehen,
sondern nur auf Deine Hand,
die volle, offene, gehäufte und reiche,
daß wir nicht zuschanden werden
und nicht beschämt werden
in Ewigkeit.
Und erbaue Jerusalem,
die heilige Stadt,
bald, in unseren Tagen.
Gelobt seist Du, Herr,
der in Seinem Erbarmen Jerusalem erbaut.
Amen.

4. Der gut und gütig ist

Gelobt seist Du,
Herr, unser Gott, Weltenherrscher,
Gott, unser Vater, unser König,
unser Erhabener,
unser Schöpfer, Erlöser und Bildner,
unser Heiliger,
der Heilige Jakobs,
unser Hirt,
der Hirt Israels,
der gute König,
der allen gut und gütig ist.
Täglich hat Er Güte erwiesen,
erweist Er Güte
und wird Güte erweisen.
Er hat uns Wohltaten erwiesen,
Er erweist uns Wohltaten,
und Er wird uns Wohltaten erweisen
in Ewigkeit –
in Gunst und Gnade,
in Barmherzigkeit und zur Befreiung
und Errettung und Gelingen,
Segen und Heil,
Trost und Ernährung,
Erhaltung und Erbarmen
und Leben und Frieden und allem Gut.
Und von allem Gut
wird Er uns nichts mangeln lassen.

Anmerkungen

Quelle: Baer, a.a.O., S. 554–562.

Das früheste christliche Tischgebet (*Didaché* 10, 1–6), im 2. Jahrhundert entstanden, wahrscheinlich zur Zeit, als das jüdische Tischgebet noch aus nur drei Benediktionen bestand, weist ebenfalls drei Benediktionen auf, die, in christlicher Verklärung, noch die jüdische Vorlage erkennen lassen. Dazu vgl. G. Klein, *Der älteste christliche Katechismus und die jüdische Propaganda-Literatur*. Berlin, 1909, S. 222–227.

XI
DIE JÜDISCHE TRAUUNG

Im rabbinischen Zeitalter waren die Verlobungs- und Trauungszeremonien zeitlich getrennt. Im Mittelalter wurden sie verbunden – indem die Segenssprüche über den ersten Becher Wein auf die Verlobung, die Segenssprüche über den zweiten Becher auf die Hochzeit hinweisen. Das Kernstück und, vom religionsgesetzlichen Standpunkt aus betrachtet, die *conditio sine qua non* der jüdischen Eheschließung ist die Übergabe des Rings und das Sprechen der dazugehörigen Worte in der Anwesenheit von zwei Zeugen und, danach, das Alleinsein von Braut und Bräutigam. Der heute bei einer jüdischen Trauung verwendete Traubaldachin *(ḥuppah)* ist eine symbolische Darstellung des Gemachs, in das sich Braut und Bräutigam nach vollendeter Zeremonie einst zurückzogen. Die Benediktionen, obwohl sie schon im talmudischen Zeitalter gesprochen wurden, dienen mehr der Erbauung und der Feierlichkeit als den ursprünglichen Forderungen des Gesetzes. Dieser von der Tradition festgelegte zeremonielle Rahmen kann auch nach Belieben mit anderen Gesängen, Gebeten, Gedichten, Musik usw. erweitert werden, was heutzutage oftmals geschieht.

Nachdem Braut und Bräutigam sich unter den Traubaldachin (ḥuppah) gestellt haben, spricht der Rabbiner oder singt der Kantor:

Möge Er, der über alles erhaben und
gepriesen ist,
den Bräutigam und die Braut segnen.

Ein Becher wird mit Wein gefüllt, und folgende Segenssprüche werden darüber gesprochen oder gesungen:

Gelobt seist Du,
Herr unser Gott, Weltenherrscher,
der die Frucht des Weinstocks erschafft.

Gelobt seist Du,
Herr, unser Gott, Weltenherrscher,
der uns durch Seine Gebote geheiligt hat
und uns Anweisungen über die
Eheschließung gab.
Die uns nur Verlobten hat Er uns verboten.
Aber die uns durch
Traubaldachin und Trauung Angetrauten
hat Er uns erlaubt.
Gelobt seist Du, Herr,
der Sein Volk Israel durch
Traubaldachin und Trauung heiligt.

Bräutigam und Braut trinken aus dem Becher.

Der Bräutigam gibt jetzt der Braut einen Ring, indem er spricht:

Durch diesen Ring bist du mir angetraut
nach dem Gesetz von Moses und Israel.

Die Heiratsurkunde wird verlesen. Darauf kann eine Ansprache des Rabbiners folgen.

Ein zweiter Becher wird mit Wein gefüllt, und folgende Segenssprüche werden gesprochen oder gesungen:

Gelobt seist Du, Herr, unser Gott,
Weltenherrscher,
der die Frucht des Weinstocks erschafft.

Gelobt seist Du, Herr, unser Gott,
Weltenherrscher,
der alles zu Seiner Ehre erschuf.

Gelobt seist Du, Herr, unser Gott,
Weltenherrscher,
Schöpfer des Menschen.

Gelobt seist Du, Herr, unser Gott,
Weltenherrscher,
der den Menschen
nach Seinem Ebenbilde geschaffen
und ihm ein Weib zugesellte,
so daß sie zusammen
ein fortdauerndes Leben zur Welt bringen.
Gelobt seist Du, Herr,
Schöpfer des Menschen.

Freuen wird sich Zion und frohlocken,
wenn Du in Freude
ihre Kinder wieder in ihr versammelst.
Gelobt seist Du, Herr,
der Zion mit ihren Kindern erfreut.

Erfreue die in Liebe Verbundenen,
wie Du einst im Garten Eden
Deine Geschöpfe erfreutest.
Gelobt seist Du, Herr,
der Bräutigam und Braut erfreut.

Gelobt seist Du, Herr, unser Gott,
Weltenherrscher,
der Wonne und Freude erschuf,
Bräutigam und Braut,
Jubel und Gesang,
Fröhlichkeit und Frohsinn,
Liebe und Geselligkeit,
Frieden und Freundschaft.
Herr, unser Gott,
mögen in den Städten Judas
und in den Straßen Jerusalems
die Stimme der Wonne
und die Stimme der Freude
bald wieder gehört werden,
die Stimme des Bräutigams und
die Stimme der Braut,
die freudigen Stimmen der Brautleute
unter ihrem Baldachin,
und die frohlockenden Stimmen
der feiernden jungen Leute.
Gelobt seist Du, Herr,
der den Bräutigam mit der Braut erfreut.

Bräutigam und Braut trinken aus dem Becher.
Ein Glas wird von dem Bräutigam zerbrochen, und die Anwesenden rufen: „Gut Glück!"
Dann wird vom Rabbiner der Priestersegen (Numeri 6, 24–26) gesprochen.

Anmerkungen

Quelle: Hyman E. Goldin (Hrsg.), *Hamadrikh – The Rabbi's Guide*. New York, 1939, S. 16–21.

In liberalen und in amerikanisch-konservativen Gemeinden ist es auch der Braut erlaubt, dem Bräutigam einen Ring zu geben und dementsprechende Worte dabei zu sagen.

Das Zerbrechen des Glases am Ende der Zeremonie geht gewiß auf uralten Aberglauben zurück und ist mit dem in nichtjüdischen Kreisen gefeierten „Polterabend" vor der Hochzeit vergleichbar. Diesen Verdacht erweckt auch der beim Zerbrechen des Glases übliche Ruf der Anwesenden: „Gut Glück!" (hebräisch: *masal tobh*). Jedoch wird in der jüdischen Tradition dieser Brauch anders und ernster gedeutet. Selbst im Augenblick der höchsten Freude soll man sich der Zerstörung Jerusalems erinnern. Moderne Prediger knüpfen an diesen Brauch auch ernste Betrachtungen – wie z. B. über die „Zerbrechlichkeit" der Ehe, über das gemeinsame Ertragen der Tragik des Lebens usw.

XII
DER BUND DER BESCHNEIDUNG

Wenn ein neugeborenes jüdisches Knäblein acht Tage alt ist, soll es nach biblischer Vorschrift beschnitten werden – wobei es sich aber nicht nur um einen chirurgischen Eingriff, sondern auch um eine hochbewertete religiöse Zeremonie handelt, durch deren Vollzug der Knabe in den „Bund unseres Vaters Abraham" aufgenommen wird und dadurch die historische Kontinuität der abrahamitischen Nachkommenschaft bekundet. Das Kind erhält auch erst bei der Beschneidung seinen hebräischen Namen, mit dem es später zur Vorlesung der Torah aufgerufen wird. Bei Mädchen erfolgt die Namengebung, wenn der Vater, am ersten Sabbat nach der Geburt, das Kind in der Synagoge mit Nennung des hebräischen Namens segnen läßt. In modernen jüdischen Kreisen experimentiert man heutzutage, um die Gleichberechtigung der Frauen zu betonen, mit neuerfundenen Zeremonien, welche die Namensgebung der Mädchen so feierlich wie die Beschneidung der Jungen zu gestalten suchen.

Wenn das Kind zur Beschneidung gebracht wird, rufen die Anwesenden:

„Gesegnet sei, der da kommt!"

Dann spricht der Vater des Kindes:

Siehe, ich bin dazu bereit,
das Gebot zu erfüllen,
welches der Schöpfer, gelobt sei Er,
uns befohlen hat:
meinen Sohn beschneiden zu lassen.
So steht es in der Torah geschrieben
(Genesis 17, 12):
„Alle männlichen Kinder bei euch,
sobald sie acht Tage alt sind,
müssen beschnitten werden
in jeder eurer Generationen."

Der „Mohel" (d.h. der Beschneider) nimmt das Kind, legt es auf einen dazu bestimmten Stuhl und spricht:

Dies ist der Stuhl des Propheten Elia,
zum Guten sei seiner gedacht.
„Auf Deine Hilfe harre ich, Herr."
(Genesis 49, 18.)
„Ich hoffe, Herr, auf Deine Hilfe,
und Deine Gebote befolge ich." (Psalm 119, 166.)
Elia, Du Engel des Bundes,
siehe, das Deine ist vor Dir.
„Ich hoffe, Herr, auf Deine Hilfe."
(Psalm 119, 166.)
„Ich freue mich über Deine Verheißung,
wie einer, der reiche Beute gemacht hat."
(Psalm 119, 162.)

„Alle, die Deine Torah lieben,
empfangen Heil in Fülle;
und sie straucheln nicht.“ (Psalm 119, 165.)
„Heil dem, den Du erwählst
und in Deine Nähe bringst;
in den Vorhöfen Deines Heiligtums
soll er wohnen.“ (Psalm 65, 5.)

Darauf antworten die Anwesenden:

„Wir wollen uns am Gut Deines Hauses sättigen,
an der Heiligkeit Deines Tempels.“ (Pslm 65, 5.)

Der „Mohel“ legt das Kind auf den Schoß des Gevatters und spricht, bevor er die Beschneidung vornimmt:

Gelobt seist Du,
Herr, unser Gott, Weltenherrscher,
der uns durch Seine Gebote geheiligt
und uns die Beschneidung befohlen hat.

Gleich nach der Beschneidung spricht der Vater:

Gelobt seist Du,
Herr, unser Gott, Weltenherrscher,
der uns durch Seine Gebote geheiligt
und uns befohlen hat,
unsere Söhne in den Bund
unseres Vaters Abraham einzuführen.

Die Anwesenden antworten:

„So wie er in den Bund eingeführt wurde,
möge er auch in die Torah, in die Ehe

und in die Ausübung von guten Werken
eingeführt werden!"

Der „Mohel":

Gelobt seist Du,
Herr, unser Gott, Weltenherrscher,
der die Frucht des Weinstocks erschafft.

Gelobt seist Du,
Herr, unser Gott, Weltenherrscher,
der den geliebten Isaak
vom Mutterleibe an geheiligt
und Sein Gesetz in sein Fleisch gelegt
und auch seine Nachkommen
mit dem Zeichen des heiligen Bundes
besiegelt hat.
Lebendiger Gott,
unser Anteil und unser Fels,
um des Bundes willen,
den Du in unser Fleisch gesetzt,
erlasse doch den Befehl,
daß das von Dir geliebte Volk
vor der Vernichtung errettet werde.
Gelobt seist Du, Herr,
der den Bund schließt.

Unser Gott und Gott unserer Väter!
Erhalte dieses Kind
seinem Vater und seiner Mutter.
... soll er in der Gemeinde Israels heißen.
Es erfreue sich der Vater an seinem Sprößling,
und die Mutter sei glücklich mit ihrer
Leibesfrucht,
wie es geschrieben steht (Sprichwörter 23, 25):

„Deine Eltern mögen sich freuen;
jubeln möge die Mutter, die dich gebar."
Auch heißt es (Ezechiel 16, 6):
„Da kam Ich an dir vorüber
und sah dich in deinem Blut zappeln,
und Ich sprach zu dir:
In deinem Blut lebe!
Ja, Ich sprach zu dir:
In deinem Blut lebe!"
Auch heißt es (Psalm 105, 8–10):
„Ewig denkt Er an Seinen Bund,
an das Wort, das Er gegeben hat
für tausend Geschlechter,
an den Bund, den Er mit Abraham geschlossen,
an den Eid, den Er Isaak geschworen hat.
Er bestimmte ihn als Satzung für Jakob,
als ewigen Bund für Israel."
Und es heißt (Genesis 21, 4):
„Als sein Sohn Isaak acht Tage alt war,
beschnitt ihn Abraham,
wie Gott ihm befohlen hatte."
„Danket dem Herrn, denn Er ist gütig,
denn ewig währt Seine Huld." (Psalm 118, 1.)

. . ., dieser Kleine, soll groß werden.
So wie er in den Bund eingeführt wurde,
möge er auch in die Torah, in die Ehe
und in die Ausübung von guten Werken
eingeführt werden.
Amen.

Der Gevatter und die anwesenden Knaben trinken von dem Wein. Ein Tropfen davon wird auch dem beschnittenen Säugling eingeflößt. Dann wird der Segenspokal der Mutter gebracht, so daß auch sie davon trinke.

Anmerkungen

Quelle: Baer, a.a.O., S. 582–583.

Elia galt schon in biblischen Zeiten als der „Bundesengel“ (vgl. Maleachi 3, 1), und die Beschneidung ist das konkrete Zeichen des Bundes zwischen Gott und Abraham und seinen Nachkommen (vgl. Genesis 17, 10–14).

Dazu kommt noch die folkloristische Erklärung von 1 Könige 19, 10. Dort wird berichtet, Elia habe sich bei Gott beschwert: „Die Israeliten haben Deinen Bund verlassen.“ Gott jedoch wollte sich Sein Volk nicht so anschwärzen lassen. Er wies Elia darauf hin, daß die Juden immerhin den „Bund der Beschneidung“ aufrecht erhalten, und Elia könne sich davon bei jeder Beschneidung überzeugen. So muß nun Elia bei einer jeden jüdischen Beschneidung anwesend sein, um die Treue Israels mit eigenen Augen zu sehen. Vgl. *Pirqê de Rabbi Eli'ezer*, Kap. 29, Ende. Über die Rolle des Propheten Elia in der rabbinischen Tradition, vgl. auch Jakob J. Petuchowski, *Es lehrten unsere Meister*. Freiburg i. Br., 1979, S. 18.

XIII
DIE BEERDIGUNG

Für die Liturgie bei der Beerdigung verwendet das Judentum den Ausdruck *Zidduq haDin,* was soviel bedeutet wie: „Die Anerkennung der Gerechtigkeit des göttlichen Rechtsspruches“. Der Tod eines Verwandten oder Freundes ist ein Verhängnis, das Gott über ihn und über uns verhängt hat. Die natürliche Reaktion des Menschen auf einen derartigen Verlust ist gewiß der Schmerz – und dann die Auflehnung gegen Gott. Die jüdische Religion fordert aber vom Menschen, daß er Gottes Beschluß als gerecht betrachtet – selbst wenn er die Gründe für diesen Beschluß nicht verstehen kann, und Gott ihm unerforschlich bleibt. Auch spielt im Beerdigungsgottesdienst der Glaube an die Auferstehung der Toten (oder, im reformierten Gottesdienst, die Unsterblichkeit der Seele) eine große Rolle.

Wenn man dreißig Tage nicht auf dem Friedhof war, spricht man beim Eintritt in den Friedhof:

Gelobt seist Du, Herr, unser Gott,
Weltenherrscher,
der euch in Gerechtigkeit geschaffen,
euch in Gerechtigkeit ernährt und erhalten,
und euch in Gerechtigkeit sterben ließ.
Er kennt die Anzahl von euch allen,
und er wird euch auch in Gerechtigkeit
wieder beleben.
Gelobt seist Du, Herr,
der die Toten belebt.

Hier folgt die zweite Benediktion des Achtzehngebets, aber ohne die Schlußeulogie. (Siehe oben, Seite 25–26.) Dann:

Der Fels, vollkommen ist Sein Tun,
denn all Seine Wege sind gerecht.
Ein Gott der Treue, ohne Falsch,
gerecht ist Er und redlich.

Der Fels, vollkommen in allem Tun;
wer könnt' Ihm sagen: „Was tust Du da?"
Er herrscht auf Erden und im Himmel,
Er tötet und belebt,
und Er führt ins Grab und wieder herauf.

Der Fels, vollkommen in jeder Tat;
wer könnt' Ihm sagen: „Was machst Du da?"
Er verspricht und erfüllt.
O erweise uns unverdiente Gnade.
Durch das Verdienst des wie ein Lamm
gebundenen Isaaks
erhöre uns und willfahre uns!

Du Gerechter in all Deinen Wegen,
vollkommener Fels,
Langmütiger und Barmherziger,
erbarme dich doch und
  schone Eltern und Kinder;
denn Dein, Herr,
  sind das Verzeihen und das Erbarmen.

Gerecht bist Du, Herr, ob Du tötest
  oder belebst.
In Deiner Hand sind alle Geister
  wohlbewahrt.
Fern sei es von Dir, unser Andenken
  zu vertilgen!
So mögen denn Deine Augen in Liebe
  über uns wachen;
denn Dein, Herr,
  sind das Verzeihen und das Erbarmen.

Der Mensch, lebt er nun ein Jahr oder
  eintausend,
was hat er schon an Gewinn?
Er ist, als wär' er nicht gewesen.
Doch sei der wahre Richter gelobt,
der tötet und auch wieder belebt.

Gelobt sei Er,
denn Wahrheit ist Sein Richterspruch.
Sein Auge überblickt das All.
Er vergilt dem Menschen
nach Rechenschaft und Recht;
und alle danken Seinem Namen.

Wir wissen, Herr,
daß recht ist Dein Gericht,
gerecht sein Wort, Dein Urteil lauter.

Nicht grübeln darf man über Deinen
Urteilsspruch.

Gerecht bist Du, Herr,
und gerade ist Dein Urteil.
Die Seele alles Lebenden ist in Deiner Hand,
und Deine Rechte ist von Gerechtigkeit
erfüllt.
Erbarme Dich des Restes Deiner Herde,
und sprich zum Todesengel:
„Laß deine Hand von ihnen ab!"

Du bist groß an Rat und mächtig in der Tat.
Deine Augen überwachen alle Menschenwege.
Du vergiltst jedem nach seinem Wege
und nach der Frucht seiner Werke.
„Auf daß verkündet werde:
‚Gerecht ist der Herr,
mein Fels, an dem kein Unrecht ist!'"
(Psalm 92, 16.)

„Der Herr hat gegeben,
der Herr hat genommen;
der Name des Herrn sei gelobt." (Ijob 1, 21.)

„Er aber ist barmherzig,
Er sühnt die Schuld und vertilgt nicht;
immer wieder nimmt Er Seinen Zorn zurück,
und Seinen Grimm läßt Er nicht ganz erwachen."
(Psalm 78, 38.)

Nach der Beisetzung beten die Hinterbliebenen das „Qaddisch der Erneuerung". (Siehe oben, Seite 77.)

Die Anwesenden bilden zwei Reihen, zwischen denen die Hinterbliebenen gehen, und sprechen folgenden Satz:

Der Allgegenwärtige tröste euch
zusammen mit allen anderen,
die um Zion und Jerusalem trauern.

Man reißt Gras aus, wirft es hinter sich und spricht:

Er denkt daran, daß wir Staub sind.
(Psalm 103, 14.)

Beim Verlassen des Friedhofs sagt man:

Er beseitigt den Tod für immer.
Gott, der Herr,
wischt die Tränen ab von jedem Gesicht.
Auf der ganzen Erde nimmt Er von Seinem Volk
die Schande hinweg;
denn so hat es der Herr gesprochen. (Jesaja 25, 8.)

Anmerkungen

Quelle: Baer, a.a.O., S. 586–588.

Bei der Beerdigung kann auch eine Trauerrede gehalten werden. Der Gottesdienst kann ferner durch Psalmen erweitert werden. Gewöhnlich werden die Psalmen 16, 49 und 91 gebetet. Bei liberalen Beerdigungen wird auch oft Psalm 23 gesagt – ein Psalm, der in traditionellen Kreisen eher bei einer freudigen Veranlassung gesungen wird.

XIV
EIN SCHLUSSGESANG

Neben ihren Benediktionen und anderen Gebeten aus der klassischen Zeit des rabbinischen Judentums besitzt die Synagoge auch einen ungeheuren Reichtum an poetischen Kompositionen, die durch die Jahrhunderte hindurch verfaßt wurden. Die meisten von ihnen kommen allerdings nur in der Festtagsliturgie zur Verwendung – soweit sie, da viele von ihnen für ihr Verständnis eine große Vertrautheit mit Bibel und Rabbinica voraussetzen, überhaupt noch zur Verwendung kommen, selbst in orthodoxen Synagogen. Gemeinden, die sich auch nur der in ihrem Ritus üblichen Auswahl aus dieser synagogalen Poesie bedienen, benötigen dann, neben dem Gebetbuch für den täglichen und allsabbatlichen Gebrauch, einen Satz von Gebetbüchern für die Festtage, der, im deutschen Ritus, gewöhnlich neun Bände enthält. Aber einige leichtverständliche mittelalterliche Dichtungen haben ihren Weg auch in das tägliche Gebetbuch gefunden. Darunter steht an erster Stelle das Zuversicht und Vertrauen ausstrahlende Lied „Herr der Welt“ *(Adon 'Olam).*

Herr der Welt

Als Herr der Welt hast Du geschaltet,
Eh' noch ein Wesen war gestaltet.
Und als durch Dich das All entstand,
Dein Name König ward genannt.

Sollt' auch das Weltall einst vergeh'n,
Du, Hocherhabner, wirst bestehn.
Du warst, Du bist und Du wirst sein
In Herrlichkeit, Du ganz allein.

Denn einzig bist Du, – zugesellt
Ist Dir kein Zweiter in der Welt.
Du warst ohn' Anfang, endest nicht,
Dein ist das Reich, das Weltgericht.
Du bist mein Gott und mein Erretter,
Mein Fels in Not, in Sturm und Wetter.
Du, mein Panier, bist Zuflucht mir,
Mein Kelch des Heils, ruf' ich zu Dir.

In Deine Hand ich fromm befehle,
Ob schlaf', ob wach' ich, meine Seele.
Ja, Geist und Leib vertrau ich Dir,
Ich fürchte nicht, Gott ist mit mir.

Anmerkungen

Quelle: Baer, a.a.O., S. 35.

Die gereimte deutsche Übersetzung ist dem von Rabbiner Heinemann Vogelstein (1841–1911) herausgegebenen *Israelitischen Gebetbuch ... der Synagogen-Gemeinden Westfalens*. Band I (1894), S. 11, entnommen. Der Name des Verfassers dieses Liedes ist unbekannt. Im deutschen Ritus erscheint das Lied seit dem 14. Jahrhundert. Es mag aber älter sein. Es kann am Anfang des täglichen Morgengottesdienstes, aber auch als Schlußgesang eines Sabbat- oder Festtagsgottesdienstes gesungen werden. Darüber hinaus hat es im täglichen Nachtgebet, wohl seiner letzten Strophe wegen, Aufnahme gefunden.

XV

AUSGEWÄHLTE BIBLIOGRAPHIE ZUM JÜDISCHEN GOTTESDIENST

(a) In deutscher Sprache

Michael Brocke, Jakob J. Petuchowski und Walter Strolz (Hrsg.), *Das Vaterunser – Gemeinsames im Beten von Juden und Christen*. Freiburg i. Br., 1974.

Ismar Elbogen, *Der jüdische Gottesdienst in seiner geschichtlichen Entwicklung*. Hildesheim, [4]1962.

Hans Hermann Henrix (Hrsg.), *Jüdische Liturgie*. Freiburg i. Br., 1979.

Johann Maier, *Geschichte der jüdischen Religion*. Berlin / New York, 1972, S. 130–158, 250–257, 447–449.

Jakob J. Petuchowski, *Beten im Judentum*. Stuttgart, 1976.

Peter Schäfer, „Der synagogale Gottesdienst", in: Johann Maier und Josef Schreiner (Hrsg.), *Literatur und Religion des Frühjudentums*. Würzburg, 1973, S. 391–413.

(b) In englischer Sprache

Joseph Heinemann und Jakob J. Petuchowski, *Literature of the Synagogue*. New York, 1975.

Joseph Heinemann, *Prayer in the Talmud*. Berlin / New York, 1977.

Lawrence A. Hoffman, *The Canonization of the Synagogue Service*. Notre Dame, Ind. / London, 1979.

Abraham Z. Idelsohn, *Jewish Liturgy and its Development*. New York, 1932.

Louis Jacobs, *Hasidic Prayer*. London, 1972.

Louis Jacobs, *Jewish Prayer*. London, 1955.

Abraham E. Millgram, *Jewish Worship*. Philadelphia, 1971.

Jakob J. Petuchowski (Hrsg.), *Contributions to the Scientific Study of Jewish Liturgy*. New York, 1970.

Jakob J. Petuchowski und Michael Brocke (Hrsg.), *The Lord's Prayer and Jewish Liturgy*. London / New York, 1978.

Jakob J. Petuchowski, *Prayerbook Reform in Europe*. New York, 1968.

Jakob J. Petuchowski, *Theology and Poetry*. London / Henley / Boston, 1978.

Jakob J. Petuchowski, *Understanding Jewish Prayer*. New York, 1972.

William W. Simpson, *Jewish Prayer and Worship. An Introduction for Christians*. London, 1965.

ANDERE BÜCHER VON JAKOB J. PETUCHOWSKI

Introduction to the Talmud. London, 1948.

The Theology of Haham David Nieto. Welch, W. Va., 1954 (2. Auflage: New York, 1970).

Ever Since Sinai – A Modern View of Torah. New York, 1961 (3. Ausgabe: Milwaukee, 1979).

(Hrsg. mit Ezra Spicehandler): *Essays on Judaism*. (Hebräisch) Jerusalem / Cincinnati, 1963.

Zion Reconsidered. New York, 1966.

Prayerbook Reform in Europe. New York, 1968.

Heirs of the Pharisees. New York, 1970.

(Hrsg.): *Contributions to the Scientific Study of Jewish Liturgy*. New York, 1970.

Understanding Jewish Prayer. New York, 1972.

(Hrsg. mit Michael Brocke und Walter Strolz): *Das Vaterunser*. Freiburg i. Br., 1974.

(Mit Joseph Heinemann): *Literature of the Synagogue*. New York, 1975.

(Hrsg.): *New Perspectives on Abraham Geiger*. Cincinnati, 1975.

Beten im Judentum. Stuttgart, 1976.

(Hrsg. mit A. Falaturi und W. Strolz): *Drei Wege zu dem einen Gott*. Freiburg i. Br., 1976.

Theology and Poetry. London / Henley / Boston, 1978.

(Hrsg. mit M. Brocke): *The Lord's Prayer and Jewish Liturgy*. London / New York, 1978.

Melchisedech – Urgestalt der Ökumene. Freiburg i. Br., 1979.

Es lehrten unsere Meister. Freiburg i. Br., 1979 (4. Auflage, Freiburg i. Br., 1980).

Ferner lehrten unsere Meister. Freiburg i. Br., 1980.

Die Stimme vom Sinai. Freiburg i. Br., 1981.

(Hrsg. mit Ezra Fleischer): *Studies in Aggadah, Targum and Jewish Liturgy – In Memory of Joseph Heinemann*. Jerusalem, 1981.